从零开始的亲密关系

56个情感危机咨询案例

方刚
著

人民东方出版传媒
People's Oriental Publishing & Media
东方出版社
The Oriental Press

图书在版编目（CIP）数据

从零开始的亲密关系 / 方刚著. —— 北京：东方出版社，2024.10. —— ISBN 978-7-5207-3416-5

Ⅰ.C912.11-49

中国国家版本馆CIP数据核字第202484BL93号

从零开始的亲密关系
（CONG LING KAISHI DE QINMI GUANXI）

作　　者：	方　刚
策划编辑：	鲁艳芳
责任编辑：	黎民子
出　　版：	東方出版社
发　　行：	人民东方出版传媒有限公司
地　　址：	北京市东城区朝阳门内大街166号
邮政编码：	100010
印　　刷：	北京联兴盛业印刷股份有限公司
版　　次：	2024年10月第1版
印　　次：	2024年10月北京第1次印刷
开　　本：	880毫米×1230毫米　1/32
印　　张：	9.5
字　　数：	215千字
书　　号：	ISBN 978-7-5207-3416-5
定　　价：	59.80元

发行电话：（010）85924663　85924644　85924641

版权所有，违者必究

如有印装质量问题，我社负责调换，请拨打电话：（010）85924725

。。前言

自助与助人，如何使用这本书

一、本书对象：普通读者、专业助人者

本书主要是给渴望在性与亲密关系领域探索个人问题，寻求解决思路的普通读者准备的。

书中的案例涉及了婚恋关系中最常见的一些困境，虽然是别人的故事，但和您的故事一定有许多相似甚至相同的地方。每个案例后面均有"咨询要点"，可以作为自我成长的指南。希望本书可以成为您走出情感困境的"自助手册"。

同时，本书也给在性与亲密关系领域的助人者以专业指导，如心理咨询师、性咨询师、社会工作者，等等。在"咨询要点"中，每一条都是专业的咨询理念、咨询技术的体现。

二、本书写法：不是咨询过程记录，而是解决问题的思路

因为本书将主要读者定位为非专业背景的当事人，所以，本书并不是对咨询过程的记录，而是提炼出每一个案例的咨询要点，给读者呈现解决问题的思路。

我们采取1、2、3、4……这样逐条列举的方式，目的是让读者在阅读的时候清楚明了。但现实的咨询过程显然不会这么简单。

现实中的咨询，一定是咨询师和来访者之间互动的过程。来访者的处境也是在互动的过程中一步步呈现清楚的，但在本书文本中，我们将所知的信息一次性地在"自述"板块呈现出来，这是为了叙述、阅读和分析的方便。

现实中的咨询，咨询师引导来访者思考、分析、决定，我们会

看到来访者的成长过程,而咨询师会根据这个过程不断调整他的咨询。但如果在文本的写作中记录这个过程,每个案例的字数将至少是目前的10倍。

书中会用到女性主义咨询法,启发来访者自己认识到社会性别刻板印象的荒唐与有害。但本书也没有办法逐一记录这个过程。有的时候我提出问题,没给答案,留给读者自己思考的空间;有的时候,我直接将女性主义的价值观写了出来。对于咨询来说,后者是大忌;但对于将本书作为自助手册的读者,这样就能清楚地指出方向,他们可以对自己的思考加以验证。我希望读者能够理解这两种不同写法的用意,先思考,再验证。

在现实的咨询中,许多时候需要亲密关系中多位成员参与,咨询过程也分多次才能完成。在有的案例中,要先行清理来访者的历史、创伤,甚至童年时期的阴影,这些也是互动性非常强的,而在本书的咨询过程中,都变成了"咨询要点"中的几句话。

本书的"咨询要点"中记录了许多女性主义咨询法的技术,如挖掘来访者的内在资源、进行自信训练、了解社会性别刻板印象的内化过程、进行权力分析,等等。我也只是列出这些要进行的环节,普通读者在使用此书时,可以对自己进行针对性的训练;而咨询师在工作中,应该结合来访者的具体情况,灵活、充分地展开。

为了帮助读者更全面地了解现实中的咨询,本书也有两篇文章呈现了较完整的咨询过程,这对普通读者和专业助人者,都将有所帮助。

每个案例的"咨询要点"部分,有一些内容可能会重复,这是无法规避的。比如,每次咨询的开始,都需要共情来访者,建立咨询关系;再比如,许多同类型案例,要涉及的咨询思路、对来访者进行的认知提升,也都是相同的。

三、本书案例主要的咨询方法:社会性别敏感咨询法

本书的案例,约一半是基于我接过的咨询案例进行整理,另外一半是基于我培训的"性与亲密关系咨询师"接过的咨询案例进行整理。所有案例收录时,都对当事人的个人信息进行了修改,提炼出事件本身具有的社会普遍性矛盾点。

我创办的"性与亲密关系咨询师"课程体系,是以女性主义心理咨询理论、性积极主义心理咨询为基础的。性积极主义心理咨询技术在本书的性爱咨询案例中有所体现,但它主要体现在性多元的咨询中。女性主义心理咨询的核心理念,几乎体现在本书的所有案例中。

同样的案例,可以使用不同的咨询技术进行咨询。但我的观点是:即使如此,社会性别的视角也是不可或缺的。是否有社会性别意识,是判断一种咨询理念或咨询技术是否先进的重要依据。

女性主义咨询法,与其他咨询技术有许多相通、相同之处,它强调咨询师要帮助当事人反思社会性别对其处境的建构。用女性主义的话说:"个人即政治。"也就是说,个人的情感问题、心理问题,一定是社会性别政治影响下的问题。所以,助人工作不能缺少社会

性别的分析视角，自助者也应该对这一议题保持敏感。

在咨询伦理方面，女性主义咨询技术与某些咨询技术有不同的要求，比如，在涉及违反性别平等原则、侵犯人权的时候，咨询师绝不可以"价值中立"，而应该旗帜鲜明地表明自己的态度。本书在"咨询要点"中彻底地落实了这一点，这些不属于写作的需要，而是我个人价值观的体现。

女权主义的咨询技术在其发展早期，主要是针对女性的。在我的咨询实践中，我将自己在男性气质领域的多年研究与女性主义的技术进行了结合，这些在本书的许多案例中均有呈现。此外，本书中的许多篇章都提到了"婚姻五功能自我评估技术"，这也是我在多年实践中，整合人类学的知识提出来的，我自己和我培训的咨询师均在咨询工作中广泛应用这一技术，效果非常好。

前面提到，虽然本书约有一半的案例来自我的团队，但是，所有的咨询思路都是我执笔写作的，文责自负。

。。目录

1 曾经的海誓山盟
爱情咨询案例

案例 1... 男友始乱终弃后,我觉得自己的一切都毁了 002

案例 2... 伤我太深的前男友,又找我复合 008

案例 3... 追求事业,就是对女友"负责任"吗? 012

案例 4... 被性骚扰,该对男友说吗? 018

案例 5... 两个男友各有优缺点,我该选哪个? 022

案例 6... 男人都是等不到结婚就要做爱吗? 027

案例 7... 暗恋的男生说我长胖了 032

案例 8... 没谈过恋爱,也没有朋友的女孩 037

案例 9... 皮肤上的斑,影响了我的爱情? 042

案例 10... 计划分手,但她先提出来,我接受不了 047

案例 11... 门不当,户不对,父母又反对,怎么办? 050

2 没有一个婚姻是完美的
婚内冲突咨询案例

案例 1... 婚姻充满无力感，工作也出现危机 056

案例 2... 渴望婚姻浪漫，是不是过于理想主义？ 060

案例 3... 为什么我和丈夫不能同频？ 065

案例 4... 结婚半年，我们小吵不断 068

案例 5... 为了吃炒菜还是煮菜，我们能吵翻天 072

案例 6... 女人事业成功，男人无所适从 076

案例 7... 丈夫不思进取，我该离开他吗？ 081

案例 8... 面对自私的丈夫，我不想再做"贤妻"了 086

案例 9... 丈夫无端猜忌后，我真的出轨了 090

案例 10... 施暴的丈夫有大男子主义倾向 094

案例 11... 发现我出轨后，老公对我家暴，是我活该吗？ 099

案例 12... 我动手打了妻子，她不原谅我 102

案例 13... 婆婆整天吵吵闹闹，快把我们的婚姻毁了 108

案例 14... 婆婆坚持不让我女儿上幼儿园 114

3 有些分手就是救赎
出轨与离婚咨询案例

案例 1... 我把一生献给家庭，老公却出轨了 120

案例 2... 老公想要"家里红旗不倒，外面彩旗飘飘" 126

案例 3... 面对公派出国机会，是否该"别夫弃子"？ 132

案例 4... 从父亲，到老公，我一直在受男人的压迫 136

案例 5... 我提出离婚，公婆说会"家破人亡" 141

案例 6... 妻子放不下前男友，我违心地提出离婚 145

案例 7... 婚姻失败，我的青春是否浪费了？ 149

案例 8... 离婚后，仍然走不出悲伤怎么办？ 154

案例 9... 两次婚姻均以离婚告终，这些年我是不是白活了？ 158

案例 10... 离婚一年，我快要得抑郁症了 162

案例 11... 我该复婚吗？ 167

4 放松,你太执着了
性障碍咨询案例

案例 1... 妻子在性生活前要打扮一番 174

案例 2... 妻子拒绝做爱 178

案例 3... 20 岁男青年出现了勃起障碍 181

案例 4... 因为自慰羞愧的女生 185

案例 5... 假高潮一年后,我懒得再伪装了 189

案例 6... 我想打女友的屁股,又怕她说我变态 193

案例 7... 性爱时,丈夫只愿"女上位" 196

案例 8... 年轻的丈夫没有性欲望 199

案例 9... 开放式性关系,让我们的感情受到影响 203

5 深埋心底的那些伤
性骚扰、性侵犯咨询案例

案例 1... 我没有拒绝性侵,身体也有了反应,是我的错? 208

案例 2... 被性侵后,她又被腐朽价值观"二次伤害" 214

案例 3... 12 岁时被表哥性骚扰,24 岁她仍然无处求助 217

案例 4... 曾被性骚扰,但她一直非常有力量 220

6 爱而不会爱
亲子关系咨询案例

案例 1... 爱而不会爱：一对父子的心结 228

案例 2... 被妈妈逼着学了理科的大学生 235

案例 3... 妈妈这样羞辱我，我该怎么办？......241

案例 4... 缺失的爸爸，严厉的妈妈，中风的外公 244

案例 5... 有多少母女在相爱相杀 250

7 全过程记录专题

案例 1... 丈夫割脉自杀 256

案例 2... 害怕被看到裸体 276

后 记 287

1 曾经的海誓山盟

爱情咨询案例

恋爱中的双方,带着各自的社会性别角色建构,走到一起。女性往往成为亲密关系的牺牲品,就是因为这个社会性别的建构本质上是牺牲女性的。

咨询师帮助来访者反思、质疑他们可能从未怀疑过的性别建构,建立平等的权力关系,是解决恋爱中性别冲突的唯一途径。

案例 1

男友始乱终弃后，我觉得自己的一切都毁了

来访者：女性，23 岁

自述

别人都说我很漂亮，像偶像剧里的女主角，气质上"很清纯很乖巧"。我的追求者众多，我感觉都是冲着我的外貌来的，所以对谈恋爱十分谨慎。在高中时我喜欢一个男孩，但是不好意思讲出口，总等着那男生来追求我，但是苦等多年，人家并没有追我。我大学上的是艺术院校，别人都谈恋爱，追我的男孩也不少，我却一直没有恋爱。

大学毕业后，我参加了一个考研学习班，有一个男生 C 对我很殷勤，嘘寒问暖，一副很关心我的样子。我觉得找男人就要找一个终身的依靠，一定得是能照顾自己、让自己能依靠的才好，而 C 正符合这一点，家境也不错，我便同意了 C 的追求。

恋爱关系确定以后，我对 C 百依百顺、嘘寒问暖，在朋友面前让 C 赚足了男人面子。C 一开始对我还可以，后来哄我来到他的宿舍，聊得很晚就让我住下。那时候，我说我不想发生性关系。我信奉婚前守贞原则，也不想发生关系后被抛弃。C 百般承诺，说真爱一个人即便不发生关系，只是抱着睡，也是高兴的。我也很依恋 C，便在 C 的宿舍睡了一晚上，C 果真没有对我怎么样。我

很感动，C为了我可以忍受性冲动，证明很爱我。于是之后我又跟C在一起抱着睡了第二宿，可这次C趁我睡着的时候，直接摁住我强行做爱，我不愿意，把C的后背都挠破了，但最后还是被迫发生了性关系。

这次性经历让我很痛苦，一点快感都没有，我觉得C很粗鲁，把我的下身都弄破了，之后我还去了医院。事后C安慰我说绝对不抛弃我，要跟我结婚。

我想，都已经发生关系了，我这一辈子就是他的女人了，我得依靠他，让他跟我结婚。

但是不久后，C的态度有了很大的转变，他开始不接我的电话，说话态度冷漠，再也没有像以前那样关心过我，跟其他女性朋友还有纠缠。慢慢地，我们的关系冷淡下来。如果不是我多次百般哀求，这个男生决计不会理我了。我觉得自己的人生完了，被人糟蹋完又被抛弃了，我整日以泪洗面。

最后一次见面，是我哀求多次的结果。我说："我保证，就见你最后一次，以后永远不会来烦你了。"C这才答应。我们约在学校的一个单间琴房见面，我一见到C，就跪在地上抱着他的腿，求他不要抛弃我，表达我什么都愿意为他做。C无动于衷。我质问他发生关系那一晚说会和我永远在一起的，为什么后来变脸这么快。他直接否认说过跟我永远在一起那样的话。我伤心至极，想伤他一把，便编谎话说："实话告诉你吧，和你在一起的时候，家里已经给我定了亲，你不要我，自然有人要我，既然如此，我这就回老家结婚去了！"

分手后，我很抑郁，不吃饭、不睡觉，瘦了十多斤。我找考研班的某个男老师做心理咨询。因为C的妈妈是大学老师，所以这个男老师认为我是因为要考某大学才跟C在一起的，他对我说："人生要自己奋斗，不要以为找了谁便可以平步青云了。"我并不是为了考研而跟C相恋的，但老师既然先入为主，我也不想反驳，便讪讪离去。

我后来又找考研班的男同学F倾诉这件事，结果F说："我从一个男生的角度讲，我要找女朋友绝对不会找非处（女）的，非处（女）的那些女孩简直就是对自己的人生不负责。"

我已经不是处女，明显不会有男生看得上我了，所以我陷入了极度的抑郁中。

> **分析**
>
> 1. 父权文化对来访者的性别建构，体现在对待性、爱情的态度上，造成了她现在的情感困境。
>
> 2. 来访者提到处于"极度的抑郁"，咨询师应该建议她在必要时看精神科医生，服药治疗。

咨询要点

1. 我非常理解您现在的心情，我觉得您现在的情感困境，与您的恋爱观念有关。我想邀请您一起来面对、分析您的恋爱观。

2. 您的谈话中，透露出一些很重要的观念，包括但不限于：恋爱应该是男孩追求女孩，女孩只能被动地等待；找男朋友就是要"终身依靠"；在伴侣关系中，女性要对男性"百依百顺""给足面子"；一旦和男友发生了性关系，"这一辈子就是他的人了"；

有过性关系的女性在恋爱关系中"贬值"了；等等。您从来没有怀疑过这些信息的正确性吗？您是否想过，这些信息对于男人和女人平等吗，公正吗？这些信息带给您哪些积极影响，哪些消极影响？您思考过社会上为什么会有这些信息吗？

3. 您的恋爱观、婚姻观、性观念，深受社会性别刻板印象的影响。但这不是您的错，您是社会文化针对男女的双重性道德标准的受害者。

4. 从您的描述来看，这些信息貌似也给您带来了一些积极影响，如对不想要的性说"不"，但我想指出的是，这个"积极影响"并不是基于女性身体的自主权的意识，而是基于父权文化对女性身体的约束，所以，表面的"积极影响"仍然是消极的。除此之外，我们看到的都是消极影响，比如您在恋爱关系中的被动身份，发生性关系后分手便陷入痛苦当中，等等。

5. 我们一起反思一下，您关于女性、性、恋爱与"贞操"的这些信息，在成长历程中是何时、以何种方式被您接收的；看看哪些信息被您内化了。（这个过程属于女性主义心理咨询的性别角色分析技术。）我们一起再来逐条看一下这些信息，哪些是您希望保存的，哪些是您希望放弃的。这些信息，或者说这些观念，才是您痛苦的根源，它们都是父权文化对女性的压迫，我们逐一来挑战、改变这些观念。

6. 在我看来，您的心理困扰，主要来自这些错误的恋爱观，是这些错误的观念深深毒害了您。但这也不是您的错，是不平等的社会性别文化造成的，您是这种观念和文化的受害者。像考研班的男老师和 F 同学，他们的言行都体现了这样的文化烙印，都是对您的二次伤害。也就是说，您个人的情感问题，追根溯源其实是社会性别文化的问题，即女性主义说的：个人的问题都是社会性别政治的问题，"个人的即政治的"。

7. 您认为今天社会的主流价值观和您的价值观一致吗？也许您的见闻告诉您是一致的。其实，许多人的观念已经发生了巨大的变化。今天社会中的主流价值观，和您的那些价值观是不一样的。从女性主义、社会平等的视角看，女性有过性关系并没有"贬值"，F同学所持的观点是陈腐的，也是歧视女性的。男女性在亲密关系中是平等的，情感是平等的，性也是平等的，不应该持男女双重性道德标准。离开一个不爱您的男人（C），对您来讲是好事，可以去寻找真正的爱人。理解这些，将有助于您建构新的恋爱观、性别观，这是一次社会性别的"再社会化"。

8. C对您做的行为是约会强奸。作为被强奸者，您没有过错，不应该感到羞耻和悲伤，而应该感到愤怒。有错的是C，您是受害者。如果别人在街上打了您，您不是应该感到愤怒吗？您的羞耻感，来自"被强奸者玷污了"或"受害者有责任"的父权文化定义。您已经努力反抗他的强奸，维护自己的身体权，C是卑鄙的，是不值得您爱的。

9. 我们一起来探讨一下如何走出性侵创伤，包括可以报警控告C对您的强奸行为。您是否愿意？

10. 女性主义心理咨询中有一个愤怒疗法，鼓励女性来访者把愤怒宣泄出来，我看到您的内心是有愤怒的，包括对C、考研班老师、F同学的愤怒。您可以直接对他们大声说出您的愤怒，如果面对面的方式做不到，可以用文字的方式，还可以用空椅子技术、捶抱枕等方式。对于 C，您也可以报警。

11. 我建议您多读一些与女性、性有关的书，或者看一些相关的电影，这属于阅读疗法。您会发现，许多女性对性的态度和您是不一样的，性是她们的身体自主权，她们并不会将"贞操"的价值视为女性的价值，更不会觉得女性是依附于男性的。

12. 我也愿意介绍有着不一样的性经历的女性朋友给您，您可以和她们交流，彼此分享自己关于恋爱、性的经历，以及自身女性意识的觉醒过程。

13. 您还很年轻，生活充满无限的可能，一切都可以重新开始。您有资本、有能力开始新的生活。过去的经历就让它们过去吧！我们一起来发掘您的优势和力量，开始新的生活。

14. 建议您后续从零开始学习一些恋爱技能，接受性教育，全面提升处理择偶、表白、失恋等恋爱中常见问题的能力。您也应该认识到，并非所有男性都和您遇到的这三个男性一样。您可以在观念更新与恋爱实践中逐步成长。

案例 2

伤我太深的前男友，又找我复合

来访者：女性，20，大三学生

自述

上大一的时候，我和一位高中同学确定了恋爱关系。

我很在乎他，愿意为他改变，我想得很远，所以我从一个娇生惯养的小女生变成了什么都会做的大姑娘。

我们不在一个学校，可是离得也不算远，他从不找我，也不打电话给我。我们单独在一起时，他提出和我发生性关系，我害怕，就没同意。

后来因为他对我太不好了，我跟他分手了。

时隔一年，他来找我，要和我从头开始，他很会说话，也很了解我，所以几句话就说服了我。可是他还是像以前一样对我，而我却对他更好了。我知道我喜欢他，也相信他。

我同学说同居（性生活）可以增进感情，我考虑再三，决定给他，因为我爱他！我付出了太多，可是他在那个时候居然还有别的女孩。我甚至对他说，如果他再对我好一点，我不会因为他有别的女孩而离开他，但是他没有做到。就这样，我们又分手了。

我的痛苦就不用说了，我失去了最宝贵的东西！

又过了一年，他又来找我复合，他的忏悔让我心里发毛，我怕我是他发泄的工具。我以为我不爱他了，就没同意复合。可是我又不甘心我前期的付出没有结果。我真的怕我对他的爱已经成为惯性而答应他复合，也真的怕复合后还像以前一样，再次受伤。

我想爱，又望而却步！我该怎么办？

> **分析**　来访者受社会性别角色的影响非常深，在这份情感关系中一直处于权力关系不平等的状态。她需要的是社会性别意识的觉醒。

咨询要点

1. 您现在的状态是：一方面已经对前男友寒心，心里不再爱了；另一方面又觉得自己之前付出太多，"损失"太大。如果他真能够好好爱您，您也愿意复合，但是又担心他再次伤害您。我非常理解您的感受，但我想说的是，先放下是否复合的考虑，来清醒地看一看，在和他的这份关系中，您都经历了什么。

2. 首先，我们一起梳理一下：您心目中理想的爱情是什么样的？您对爱情有着怎样的期许？您认为男友如何做才是对您"好"？他做了哪些事让您觉得"太不好了"？这样的梳理，有助于我们发现您爱情观中可能存在的一些问题，也可以发现前男友是否合您的意，进一步帮助您对现状有清醒认知。

3. 您提到恋爱伊始，您"愿意为他改变"，这是一些什么样的改变？您认为在恋爱关系中女生应该是什么样的？这些改变的过程中，您是否放弃了自己原本很看重的一些东西？他是否为您做出了改变呢？如果只是您单方面改变，他不改变，您觉得这公平吗？这样的关系有前途吗？

4. 他提出和您发生性关系，您一开始拒绝的原因是什么呢？是因为您有"贞操观"吗？后来，因为同学说"同居可以增进感情"，您就同意了。在这个过程中，您觉得自己是真正自愿的，还是为了让他对您好一些而被迫的或勉强的？您这样"付出"之后，他是否对您好了呢？您得到了自己想要的吗？

5. 在交往中，你们之间的权力关系平等吗？您是否经常考虑如何让他高兴？您是否对他的爱患得患失？如果回答都是肯定的，您觉得这样的感情会真的幸福吗？

6. 同居之后，您说自己"失去了最宝贵的东西"，可见您是后悔的。请您想一下：您是什么时候有了这种对性的"贞操观"的？您真的觉得"初夜"、阴道瓣（处女膜），是您"最宝贵的东西"吗？如果是，您又该如何评价自己美德的价值？如何评价自己努力学习的专业技能的价值？这些都不如那个通常被称为"处女膜"的阴道瓣更有价值吗？您觉得这种观念对女性是公平的吗？

7. 您说自己曾喜欢前男友，相信他，分手后再复合，那复合后再次分手时，您还相信他吗？您觉得他对得起您的信任吗？我估计回答是否定的，不然就没有理由再分手了。既然上次复合时，您对他的信任已经被证明是错误的，那这次他又要求复合，您为什么还会考虑相信他呢？

8. 当您希望他对您好一些，即使他有别的女友您也可以接受的时候，您觉得你们的关系平等吗？您的自尊是否受到了打击？您是否得到了他足够的尊重？回答这些问题之后，您再想一想：

还有必要再经历一次创伤吗？

9. 您说"不甘心前期付出没有结果"，这可能是您现在考虑复合的动机。您不妨再思考一下：前期没有得到的，现在复合就会得到吗？您相信他发生了巨大的改变吗？您对他找您复合的目的有信心吗？如果回答都是否定的，那还要再试一次吗？再试一次最可能的后果是什么？您能够承担这个后果吗？

10. 我相信，在我们梳理的过程中，您已经可以做出清楚的选择了。遇到一个不值得爱的男人，不是您的错。一而再，再而三地"上贼船"，就是您的错了。您前期的情感付出，从好的一面看，是有助于您真正成长的。而现在，您要及时止损，开始新的人生了。我还是想提醒您：亲密关系有一个底线，那就是双方关系应该是平等的。没有平等，就没有一切。

11. 进一步，我们可以做一些对关系的探索。看得出来您对这份关系很在意，您希望从这份关系里得到什么呢？您想从这份关系里得到的某些部分和您的原生家庭有关系吗？您想从父母那里得到什么？父母满足了您的内在渴求吗？思考到这里，我们就可以为自己做些什么了。

12. 我们还可以讨论一下关于害怕、恐惧等情绪方面的问题。一段关系，分了合，合了分，您不敢结束一段这样的关系。您在担心什么呢？您在害怕什么呢？这种害怕在您人生过往中经历过吗？

案例 3

追求事业，就是对女友"负责任"吗？

来访者：一对恋人，女孩 A 和男孩 B，均 28 岁左右

自述

女孩 A 自述：

我们恋爱半年了，感情很好，我觉得两人的关系已经成熟，可每次一提到结婚，他就感到压力很大。他承认自己是喜欢我的，也觉得我会是个好太太，可是想到婚姻，就感到恐慌。他总说现在自己事业未成，婚姻压力太大。他想出国留学，但又不愿拖累我。其实我们两个人的事业还不错，我有一万三，他比我还多一些，月收入加起来有三万左右，而且双方家庭条件都不错，两个人如果买房结婚，完全可以过小康的生活。我对于他的事业，没有任何要求，只要维持现状即可，即便他想要出国，我也愿意支持他，愿意在国内等他。可他就是觉得对不起我，和我在一起有压力，甚至想如果出国打拼，就和我分手。

男孩 B 自述：

我认为，男人没有自己的事业是不行的。我已经快 30 岁了，所谓三十而立，我现在虽然收入不错，但还只是个"高级打工人"。关键是，我觉得自己的收入比女友多不了多少，这点让我很有压力。所以，我想趁年轻，出去打拼、积累，不然以后她会后

悔，我也会后悔的。

她应该理解我的想法，我只要她过得快乐，哪怕分手，只要她能找到一个条件好的，我也会默默祝福她。可是我真的十分舍不得她，我不给她婚姻承诺正是我对她负责任的表现啊。我的决定可以对不起自己，但我接受不了对她的不负责任。我得是我妻子的依靠，我怎能不强大？

父亲事业有成，是我崇拜的偶像，因长期在外打拼无暇顾及家庭，但整个家族都对父母的这种婚姻状态交口称赞。我从小和母亲相依为命，小时候常常遭到同龄孩子的欺负。在我的印象中，母亲很孤独寂寞，也很辛苦很可怜，她渐渐无力保护我。幼年的我，常常感到无助但又无人诉说。两年前父亲去世，给我留下一大笔遗产。我忽然发现，自己几乎从来没有和父亲进行过半小时以上的交流，父子俩从来没有拥抱、没有赞美，很长一段时间，我为此很自责、很痛苦。

虽然父亲长期不在我身边，但我和父亲有一个不约而同的爱好：蓄须——连胡须的形状都十分相似。

我始终在挣扎，觉得自己待在国内很"窝囊"，对不起女友，出国又对女友不负责任。

分析

1. B受支配型男性气质的影响，追求事业成功，但也意识到这对伴侣的负面影响，所以处于纠结中。

2. 虽然是伴侣来做咨询，但从上述信息看，主要需要解决B的问题，回复的重点是针对B的。

咨询要点

回复 B：

1. 您在事业上有追求，又担心伤害到伴侣，是特别负责任的人，我很理解您现在的纠结。我们一起来看看有没有办法找到两全其美的出路。

2. 我们先来看一看您的纠结是如何形成的。您提到很多关于"男性""责任""婚姻"的观念，现在回忆一下，这些观念是在什么时候进入您的大脑的，并且是如何被内化的。我们一起来看一看这个内化的过程。

3. 从上面的自述可以看出，父亲对您现有观念的产生有重要的影响。您可否总结一下有哪些影响？从自述看，我分析原生家庭对您的影响有两方面：一方面是父亲扮演的夫职、父职角色，父亲注重事业，长期在外打拼，被家族称赞；另一方面，因为父亲在家庭中长期缺席，母亲孤独辛苦，作为儿子的您也被人欺负，得不到父爱的呵护。您是否认同存在这两方面的影响？这两方面的影响是如何作用于您的？您是否因为既想像父亲那样打拼，潜意识中又已经意识到这将对家人造成忽视和伤害，所以才会纠结？

4. 您父亲的行为模式背后，是受支配型男性气质的影响，即男人要事业成功，要赚钱养家。父亲扮演的是"养家型父亲"，这是中国传统文化中的"好父亲"形象。您回想一下：父亲的这种夫职、父职，给您自己和家庭带来了什么影响，是否有什么伤害？前面的自述中其实已经提到了父亲缺失对您和妈妈的负面影响。当您意识到男性的社会性别角色给父亲和您的家庭带来的影响时，您的社会性别意识就在提升。

5. 再想一想，这些关于男性与责任的观念，带给您哪些积极的影响，哪些消极的影响。从您的自述中可以看到，积极的影响是您有进取心，消极的影响是您受支配型男性气质控制，要扮演传统的夫职、父职角色，而这种角色与当代社会的人们，特别是您的女友，对亲密关系的理解和期待发生了冲突，所以您产生了困惑和烦恼。

6. 建议您了解一下母亲对父亲角色的评价。不要只关注家族中人对父亲的赞美，而应该看看与父亲最亲密的人（母亲）的评价，看看母亲想要什么样的婚姻生活，什么样的伴侣。同时也反问自己：您想要一个什么样的父亲？是要一个外出打拼赚钱、留下很多遗产给您的父亲，还是想要一个在家中陪伴您成长的父亲？这将有助于您思考所谓"责任"的多重含义。

7. 您现在面临的个人问题，其实是社会性别文化的问题，即"个人的就是政治的"。社会性别文化关于支配型男性气质的要求，是您的父亲所实践的夫职、父职角色的原因，也是您现在陷入困扰的原因。

8. 当今国际社会倡导的是"全参与型男性"和"全参与型父亲"角色，即鼓励男性全面参与到传统上由女性承担的家庭和社会工作中，参与到孩子的全面养育过程中，不再只扮演"养家型父亲"。所以，您在意的"责任"有更全面的含义，包括陪伴、呵护，建议您重新思考时代变化下所倡导的夫职、父职角色。

9. 反思一下您的内心，存在哪些社会性别刻板印象？从您的自述中，可以看出：您认为自己应该比女友赚钱多得多，现在"多不了多少"让您有压力；认为自己应该是妻子的依靠。这种表面上的责任心，其实将伴侣关系模式化了，也将女友对亲密关系的期待狭隘化了。您也可以思考一下，所谓男人的"事业成功"，标准是什么，到什么地步才算"成功"。这其实是一个无止境的陷阱，诱导男人无止境地去追求。建议您在去除社会性别刻板印象的基础上，在对夫职、父职角色有新的认识的前提下，重新思考是否出国"打拼"的问题。

10. 建议您认真听一听女友的想法。真正爱伴侣，是听到她的声音，而不是用自己以为"爱"的方式去爱。在相互成长中，真正做 A 期许的好伴侣。

11. 婚恋是双方共同成长进步，一起面对未来。能成功地经营一个家庭不取决于事业有多成功，给婚姻附加了"事业有成"这个条件，您想想，是不是被别人影响了，比如您的家族成员。您总达不到自己理想中的样子，就会觉得自己还不够好。您一定有很多闪光点，有值得被欣赏的地方，这些可能才是女友最看重的。

12. 未来，建议您进一步思考性别问题，这不仅有助于解决当前的问题，也有助于您的整个人生，包括您将来会成为一个怎样的父亲。建议您阅读有关男性参与的书籍，观看中国白丝带志愿者网络出品的男性参与话剧，参加"好伴侣好父亲：男性成长工作坊"，等等。在您参与男性议题的过程中，将实现社会性别的再社会化。

回复 A：

1. 前面我给 B 的回复，您也应该有所了解，这将让您更了解他，以及他纠结的根源所在。

2. 不要受 B 的影响，您问一下自己的内心：什么是您真正想要的生活？您对亲密关系的模式有什么期待？您对 B 有什么期许？

3. 在亲密关系中，女性不是附属的，不应该有"嫁鸡随鸡、嫁狗随狗"的观念，您也有权利坚定地要自己想要的生活。

4. 在 B 的成长过程中，您可以随时和他分享自己的内心想法，给他支持和力量，走出社会性别的压迫。

案例 4

被性骚扰，该对男友说吗？

来访者：女性，26 岁

自述

　　幼年时我曾遭受远亲的性骚扰，一度情绪抑郁，影响学习，高中毕业后就没有继续求学，开始工作，换过几家工作单位。

　　去年经人介绍，我与现在的男友交往。后来，我们一起经营一家小网吧，经济状况中等偏上。目前我们处于同居关系中，准备明年结婚。

　　小时候受到性骚扰的经历在我心里一直留有阴影，我由此有一定的自卑感，性格也比较敏感，因担心男友误会或生气，也没有向男友说起过这件事。

　　大概两个月前，经常来网吧上网的一位中年男性客户，趁店内无人时，试图对我进行挑逗调戏，想对我动手动脚。我很生气，严厉拒绝了。

　　客户也生气地离开了，之后那段时间没再来店里。大概两周后，他才来网吧上了一会儿网，当然脸色很不好看。

　　男友不知详情，认为是我脾气不好，不懂得经营，得罪了老客户。

　　我心里很难受，但不想与男友说实情，一方面担心那位中年男性再来骚扰我，另一方面又担心男友误会我不懂经营；同时开始不断回忆小时候被性骚扰的经历，心情很不好。

最近两个月我总是睡不好觉，觉得头疼，心里很烦躁，总想对人发脾气，不愿去店里经营业务，也不爱打理家务，不想出门见人。

> **分析** 旧伤加新伤，陷于多重身份的冲突中，使来访者的"心病"通过躯体症状表现出来。

咨询要点

1. 我理解您的感受，您幼时受性骚扰的创伤还没有清理，又面临新的性骚扰，重要的是，您还要压抑自己的感受，这确实非常难。您受到侵犯，又被男友指责，有权利感到害怕、生气、困惑。

2. 性骚扰的背后是父权文化的压迫，女性身处这样的文化中，自身的无力、无助造成您的这些经历。性骚扰属于性别暴力的一种，性别暴力本质上是一种权力关系，在我们的社会中，男人更有权力，所以通常是男人骚扰女人。也就是说，您的这些经历、您所受的性骚扰，都是与您身为女性的、缺少权力的社会身份有关。回忆一下您小时候那次被骚扰的经历，那个性骚扰您的远亲，是用权力控制您；现在性骚扰您的男顾客、忽视您内在感受的男友，也是在用权力控制您。您是不平等的权力关系中的受害者，被性骚扰不是您的错。

3. 女性主义赋权疗法认为，个人身份和社会身份是相互依存的，不同身份对每个人有不同的意义，甚至有价值冲突。从您的描述中可知，您是男友的女朋友、是网吧的经营者。正是因为这样的标签让您在遇到性骚扰时采取了淡化的处理方式。但是，您另外一个重要的身份是女性，一位受到性骚扰的女性。所以，您有三个身份：男友的女朋友、网吧经营者、女性。这三个身份纠缠在一起，影响着您受到性骚扰时的处置方式。

4. 我们一起来讨论一下，这三个社会身份中，哪个对您来说是最重要的？为什么？在这样的讨论中，您可能会认识到：身为女性的身份，才是属于您自己的真正的身份。这个身份理应占据您心目中最重要的位置，而现在，您认为另两个身份更重要，才会面对性骚扰时不敢说出来，才会陷入目前的困境中。理想的状态是您最终能够较为舒适地在不同身份的交叉中生活。

5. 可以看出来，您内心对于男友的不理解是有愤怒的。您觉得，这种愤怒不说出来，是否会影响你们的关系？是否会影响您的心理健康？如果是，您就应该将真实情况告诉男友，继而对那位骚扰您的客人坚决说"不"。如果男友不理解、不支持您，您也可以把对男友的愤怒宣泄出来。总之，不要把因为受到不公正的待遇而使自己产生的愤怒内化掉。

6. 您幼年被性骚扰的创伤也应该处理，压抑只会使您的状态更坏。遭受性骚扰并不是您的过错，您也没有损失什么，您不用为此背负任何的心理负担和负面情绪。您应该把关注的焦点集中于外部的社会环境因素，比如幼年的您没有认知和能力对性骚扰说"不"。现在，您可以直面内化的耻辱感和恐惧感，甚至可以参加性骚扰受害人互助小组，借助督导的帮助，去除受害者背负的污名，以便更好地表达自己的感受，整合自己的身份。您也可以对那个骚扰您的远亲提出控诉。

7. 您提到头疼、爱发脾气、不想打理店里的事务等，这些都是您对自己被侵犯、被男友忽视后的正常反应。您在通过这种方式对性别压迫进行反抗。您的内心是坚定的，而且是有力量的。您也可以进一步思考一下这些行为的背后想表达什么。头疼是您的身体需要被关注吗？发脾气是希望男朋友关注您吗？烦躁是心里被压抑的情绪在搅动吗？

8. 您还有许多有力量的地方。您对男顾客说"不"就是力量所在。您一定还有许多其他优势，许多值得欣赏的地方，许多有价值的能力，所以，您应该学会欣赏自己，进一步培育自信心。您还很年轻，可以重新规划人生。我愿意陪伴您重建自信，从内到外地改变自我认知。

案例 5

两个男友各有优缺点，我该选哪个？

来访者：女性，28 岁

自述

我现在有两个男友，不知道该选哪个。

A 是政府公务员，有稳定的工作、稳定的收入、宽敞的住房。我是在 5 年前一次失恋后同 A 开始谈恋爱的，一开始我对 A 并不满意，但 A 对我实在是太好了，处处谦让着我、哄着我，让我舍不得离开他。他下班之后的唯一乐趣便是买菜、做饭、洗衣，典型的居家好男人。我的亲戚朋友一致看好 A，认定他是难得的如意郎君。但我说："我看着他那样就生气。"

A 不仅仅缺少我所渴望的浪漫，甚至有些木讷。他不会开玩笑，不会调情，甚至不会说"我爱你"。他甚至很少笑，难得一笑也是不出声音的那种。和这样一个木头疙瘩在一起，不是一句乏味可以解释的，简直就是受罪。看着他那副模样，我就生闷气。

A 缺少的，B 似乎都具备。B 个子很高，长得也十分帅气，谈吐幽默风趣，在一起的时候总能带给我笑声。我第一次遇到 B 时，便想："这个男人正是我所需要的。"于是我们开始恋爱。这是在我同 A 已经恋爱三年之后。

我没有一时冲动离开 A，而是脚踩两条船。我很快发现，B 的不足也是明显的，他没有正式稳定的工作，虽然总能找到一份工作，却几乎是半年一换，有时收入高，有时收入低，有时则几个月不进分文。而且，他没有住房，这使得我有几次不得不趁 A 不在时，将 B 领到 A 的住处亲热。

我的亲戚朋友对 B 一致投反对票，我自己也清楚，嫁给 B，很可能会生活无着。但是，我同样舍不得离开他。

我来咨询的问题是，我应该选哪一个？

分析 选择月亮，还是选择六便士？无论在哪个历史时期，都会有类似的问题。咨询师应该帮助来访者结合自身的价值观、对婚恋的期许，增能赋权之后自主选择。这个过程中，要警惕社会性别刻板印象的影响，警惕所做的选择为未来的伴侣关系埋下权力不平等的种子。

咨询要点

1. 我理解您的困扰，鱼和熊掌不可兼得，也不可能真的"吃在东家、睡在西家"，这放到任何一个人身上都很难选择。

2. 没有人可以代替您选择，也没有一个绝对"好"的选择。每个人对爱情和婚姻的期许都不一样，所以也注定会做出不同的选择。但在做选择之前，您需要先了解每一种选择意味着什么，可能带给您什么，您是否准备好了承担后果。了解亲友代表的社会文化观点是需要的，但更重要的是倾听自己内心的声音。

3. 首先，建议您先梳理一下自己的恋爱观和婚姻观，即您理想中的爱情和婚姻是什么样子的。这个时候，您也要思考：您的这些观念是如何形成的？形成的过程中是否受到您"身为女性"的社会性别角色定位的影响？也就是说，您对爱情和婚姻的期许是否将自己在伴侣关系中的角色置于不平等的位置？有些貌似符合传统规范的婚恋期许，是建立在男女不平等的社会性别模式和期许之下的，这样的婚恋潜伏着危机，未来会遇到很多问题。如果能够在择偶阶段便对此有所警惕，会少走许多弯路。

4. 爱情有不同的类型，如：实用之爱、浪漫之爱、娱乐之爱、审美之爱、精神之爱，等等。虽然每个人都在追求尽可能多的元素的整合，但现实中，我们往往不可能在一份恋爱关系中得到所有。具体到您现在的情况，A 似乎更符合实用之爱的要求，但缺少浪漫与激情，而 B 正好反过来了，浪漫足够了，但走进婚姻后的"实用功能"似乎欠缺。您首先要清楚自己更看重爱情中的哪个元素。还是那句话：只有适合自己的选择才是好的。

5. 您同样有必要了解婚姻的五大功能：经济互助、性生活对象的固定配置、共同抚养孩子、情感、扩大社会网络资源。您更看重的是哪个功能？这对于您现在的选择至关重要。没有哪种婚姻是完美无缺的，您可以根据自己的倾向，对婚姻的五个功能进行排序，就能更清楚自己想要的选择了。

6. 我愿意和您一起分析每个选择的优劣，对目前存在的所有可能选项充分探讨、分析利弊。比如：选择男友 A。A 的优势是有助于构建长期经济共同体，适合养育孩子并有一定社会资源，但是生活中没有爱情。由婚姻五大功能也可以明白，性、爱、婚姻可以有多种组合方式，比如有性有爱无婚姻、有性无爱有婚姻、无性有爱有婚姻，等等。人们的理想是三者结合在一起，但是很难实现，即使暂时实现了，也不代表可以持续下去。您如果看重 A 的经济优势，还要警惕一个问题：如果过于依赖这种优势，可能会造成未来婚姻中的权力不平等关系。另外，A 并不一定是真的毫无情趣，可能是表达方式不一样。您是否尝试过更多地了解 A？没有激情的婚姻也可以是好的婚姻。爱情和婚姻都需要互相包容和长期经营。

7. 如果选择男友 B。B 可以让您感受到爱情的美好，但经济上会让你有不安全感。B 虽然收入时高时低，但根据描述，B 总是能找到工作，说明他有一定的工作能力，只是在经济上不能给您提供长期稳定的支持，这个可能在未来养育孩子中会造成问题。但是婚姻是两个人共同经营的，如果 B 能为您提供高度的情感价值，而您也愿意多承担一些经济上的责任，双方也可以达到一个平衡的状态。女主外男主内也可以是一种不错的婚姻。

8. 还有一个选项：暂时回避选择，继续同时和两个男友交往，脚踩两条船的恋爱关系可能会满足您"鱼与熊掌兼得"的理想。虽然爱上别人没有过错，但我们要对自己和他人负责，不能伤害别人。同时和两个男友交往，是一件不道德的事情，所以，您最好尽快做出取舍。

9. 您说您的亲戚朋友对 B 一致投反对票，您自己也清楚，嫁给 B，很可能会生活无着。但是，您依然没有离开他。这里面是否有叛逆的成分？"他们说得对，我就是不听"，您觉得这种感觉是否似曾相识？

10. 最后，我想强调的是，婚姻不是人生的全部，要把个人成长看作生命中最重要的价值。无论是否结婚，和谁结婚，个人与恋爱对象都是独立的，好的婚姻是相互促进的。婚姻不是人生成败的指标，您应该多着眼于自己，创造独立自主的人生。

案例 6

男人都是等不到结婚就要做爱吗？

来访者：**女性，33 岁，公务员**

> **自述**

作为一名 33 岁的女性，我还没有过性生活，也从没交过男朋友，是不是有人会不相信？

两年前，我开始想认真地谈恋爱，因为想结婚了。很快，我发现很难谈成功。我是在婚恋软件上找恋爱对象的，明确是以结婚为目的。两年间我陆续见过十多个男生。但是，所有男生见面后，很快就提出要和我发生性关系，几乎最迟在第二次、第三次见面时就提出发生性关系，只有一个男生，等到一个月后，第四次见面时才提出来。

我觉得，如果熟悉了，彼此感觉好，牵手、拥抱还是可以的。其他的，我完全接受不了。我还是想等到结婚后再发生性关系。

所以，他们提出性的要求，我都是坚定、明确地拒绝，他们之后就都不再见我了。我不明白，这些男人都是来骗性的吗？或者，他们也有人真的想恋爱，但等不及结婚就想发生性关系？他们这样做，让我觉得他们只关心我的身体，对我是什么样的人完全没有兴趣。

只有那个第四次见面才提出性要求的男生，会认真地和我讨论生活习惯、个性爱好、对家庭的期待、人生理想之类的，让我觉得他至少关心我是什么样的人。我觉得在他那里真正受到了尊重，对他也很有意。但是，没有想到的是，我拒绝他的性要求后，他也立即消失了。

最近认识的一个男生，更过分。第一次见面之后，他就每天在微信上问我：你今天穿的什么衣服？我告诉了他，他还让我拍照片给他。这让我很为难，但因为有些喜欢他，我还是拍了给他。结果，他立即说："我还想知道你里面穿的是什么衣服。"我就蒙了。

我当然不可能说出我穿的是什么样的内衣，但我害怕他会像那个见过四次面的男人一样，在我拒绝了性的暗示后就立即消失。

总之，性的问题深深地困扰着我，我感觉性的问题不解决，我就没有办法和一个男生深入恋爱。

这两年，我一直在对自己的情况进行分析，还做了很久的心理咨询。在这个过程中，我认识到，我目前的情况和我的家庭有关系。我小时候，父母整天吵架，这让我对婚姻、情感，或者说对男人，非常失望，所以根本就没有恋爱、结婚的动力。我上初中的时候，还受到过一次性骚扰，这也使我对性非常排斥。我从小到大受的性教育，都认为女人结婚前绝对不能发生性关系。这样的观念在我母亲那一代，也许非常常见，但像我这样20世纪80年代出生的人，观念又不太一样了。不过，我周围的朋友，也基本都是母亲那一代的观念，当然，我的朋友很少。

我现在已经认清了自己。我想改变，但是，我不知道怎么做。我和我的咨询师讨论：我是否应该改变现在的性态度？我怎么做才能改变？他们都含糊其词。有两个咨询师最后都推荐我找您。

> **分析**　来访者明显处于性价值观带来的困扰中，体现出了改变的愿望。

咨询要点

1. 您一直在自我探索，一直在做咨询和成长，这真的很了不起。您的情况，主要是性价值观带来的困惑。您在咨询和成长中确认，这与父母的关系，以及早年受性骚扰的经历有关，我觉得这样的分析非常有道理。确实，原生家庭如果不幸福、不快乐，会影响我们对婚姻的期待；而不愉快的早年性经历，也会导致我们对性的排斥。您觉得自己这两个经历带来的问题，是否都在前面的咨询中解决了呢？我愿意进一步和您讨论这两个问题。如果您觉得都解决了，那我们就先放下它们，讨论您现在正面对的问题。

2. 您已经认识到，性价值观的困境不解决，就难以建立亲密关系。这是可以理解的。但我想告诉您：价值观没有对错，您不需要为自己的性价值观感到内疚、自责。您现在的问题，只是自己的性价值观与您同龄人的主流价值观，或者说，与跟您相亲的男士们的价值观冲突了。也存在这种可能：有一天您遇到和自己有相同性价值观的男士，问题自然就解决了。当然，这种偶然性可遇不可求。

3. 您是否了解您同龄人的主流性价值观呢？您觉得多数人认为性爱应该等到结婚之后吗？也许您的回答是肯定的，但相关的性学调查显示，不是这样的，甚至被调查人普遍认为，如果婚前没有性爱，双方不了解是否性和谐，是不宜于结婚的。您提到您的朋友们和您的性价值观一致，也可能仅是因为他们了解您的观念，不想表现得和您不一样而已。您现在的"性属于婚姻"的观念，居于传统道德的"高地"，您的朋友们可能不想表现得自己不符合"性道德"。毕竟，许多关于性的想法，人们是不愿意公开说出来的。

4. 您是否想过，与您相亲的男性并不一定都是奔着婚姻来的？正如您猜想的，有些人很有可能是来"骗性"的。一个很好的鉴别方法，就是看他是否关心您，是否乐于和您讨论未来的生活规划。您其实已经意识到了这一点。那个第四次见面时才提出性爱的男人，看起来比其他男性更像想与您发展长期关系的。但是，即使是以结婚为目的的恋爱，许多人也会认为性爱是恋爱阶段中很正常、很自然的事情。

5. 您问我，自己的性价值观是否需要改变。我前面已经说了，价值观没有对错，但是，价值观可能会影响我们的生活。现在您的情况便是这样。您如果决定保持原有的价值观，我尊重您的选择。但我也要提醒您，女性涉及"性贞洁"的性价值观，是父权社会文化建构的结果，是用来控制、压迫女性的。您现在似乎正因为这种压迫而难以开展亲密关系，我注意到您渴望走出困境，只是不知道如何做。

6. 我愿意和您分享改变性价值观的策略，供您参考。

首先您可以试着使用阅读疗法，包括读书和看电影，了解更多女性对于性的态度。比如《海蒂性学报告：女人篇》，里面有许多不一样的女性的性态度和性经历。再比如一些女性主题的情爱电影，注意，不是色情电影。了解不同女性的性态度和性经历，有助于您反思自己的性价值观，打破心灵的茧。

其次，您可以多和有着不同性价值观的女性接触，如果有机会，可以参加女性的性爱成长小组、身体探索小组等。当您不再局限于身边的几个朋友，您可能会更真实全面地了解今天社会的主流性价值观，特别是女性的性价值观。

最后，建议您多学习性、性别、亲密关系的知识。这也有助于您走出当前的一些迷思。

7. 我想强调的是，即使您决定改变性价值观，这种改变也不应该是为了满足恋爱交友时男人的要求，而应该是基于您自己的诉求。即使您放弃"性与婚姻绑在一起"的价值观，也不等于您需要对每个恋爱对象的性要求都言听计从。您要走出的是文化对自己的禁锢，而不是为了满足男人的需求。

8. 您提到您是在婚恋软件上寻找恋爱结婚对象的。在婚恋软件上遇到"骗性"的概率是非常大的，因为网络上鱼龙混杂，他们的目的很可能不是发展长期关系的。可以尝试通过其他途径寻找恋爱对象，比如朋友介绍、参加社交聚会，提高自己认识异性的能力。

案例 7

暗恋的男生说我长胖了

来访者：女性，18岁，大一学生

自述

近一个多月，我感到非常烦恼，焦虑，入睡困难，不满意自己的体貌，经常照镜子。

我自幼聪明好学，相貌可爱，是周围人公认的白雪公主。我的性格内向，对自己要求高，做事追求完美。我的家庭条件很好，父母、祖父母视我为掌上明珠，总是最大限度地满足我的各种要求。

上大学后，有一次我报名参加奥运会赛会志愿者，却没有被录取。我怎么也想不到会被淘汰，不能接受这个事实。后来同学告诉我可能是因为我的身材不理想，长得太胖。从此，我就特别在意自己的体貌形象。

一次，我在大街上遇到几年不见的中学同学，中学的时候我一直暗恋着他，这次看到他还是有些心跳加速。他上下打量了我一番，认真地说："你长胖了好多啊！"这弄得我非常窘迫。我开始怀疑自己是不是真的太胖了。

一个多月前，我回了趟家，碰巧一个阿姨在我家，她和我打招呼："这是闺女吗？长这么高了，都认不出来了！"母亲接过话笑着说："长高了，也长胖了，没有以前漂亮啦，变成了一个丑女儿！"

听到母亲的话，我的心情一下子糟透了。

当天晚上，我站在穿衣镜前照来照去，越照越自卑，觉得自己确实太胖了。

偶然一次听要毕业的师姐们聊天说，现在找工作不容易，尤其是女大学生不好找工作，应聘工作时，用人单位对身材相貌看得比学历、能力更重，如果没有好身材和出众的容貌，很难找到好工作。

听了她们的话，我更加为自己的状况忧虑。一方面觉得工作不好找，另一方面也担心没有男生会喜欢我。现在我每天都要反复照很久镜子。

我不愿意出现在公众面前，特别不愿意上体育课，不愿意在同学面前，特别是异性同学面前跑步、做操，好像大家都盯着我的体貌缺陷。我也不愿意与那些漂亮的或身材苗条的同学在一起，不愿意听别人议论身材长相之类的话题，每当听到别人聊天时我都怀疑是在议论我。

因为总想着这些事，我上课听不进去，学习效率也下降了，为此感到烦恼、忧愁、焦虑、孤独。

回到家里想跟母亲倾诉又说不出来，总是在父母面前发小脾气，我怀疑自己已经变成了一只"丑小鸭"，不知道如何改变自己的状态，找回从前的自己，更不知道如何面对将来。

> **分析** 在父权制的文化中，女性的身体同样是被文化建构的。许多时候，离开了社会性别的解构，我们甚至认不清自己的身体。受困于身体问题的来访者，需要一次价值观的全面提升。

> 来访者对自己身材的焦虑，背后是关于女性身体、外貌的性别文化压迫。咨询师可以正常化来访者的症状，表明她现在对自己身材的焦虑在许多女性身上都存在。如果咨询师也是女性，也存在此类问题，可以自我坦露，分享自己同样存在的对身材的焦虑。

咨询要点

1. 我非常理解您的心情。您现在的烦恼、忧愁、焦虑、孤独，都是在身材压力下、性别压迫下的正常表现。您内心对那些评价您的人是有不满的，您暗恋的同学、母亲……您的不满是对压迫的一种正常反抗。

2. 我们一起来看看，您围绕身材的焦虑是怎么形成的？当前，网络、媒体充斥着所谓女性"好身材"的标准；男性对自己的身材从"健康"的角度关注，但针对女性的身材则从"纤弱"的角度施加压力。所以，您的身材焦虑是社会文化针对女性的审美建构来的，是一种非常正常的情况，不是您的心理出现了问题。表面上是您个人遇到的困境，其实是社会性别文化的问题。

3. 关于女性、身材的社会文化信息是如何被您接受和内化的，这种内化给您带来了什么，不难看出，要求女性身材"苗条"的信息给您带来了负面影响。我愿意帮助您努力去除这些负面影响，制订计划、付诸行动来改变。这个行动可以包括自信心训练；如果您愿意，也可以通过锻炼的方式减少体重。但我建议您从自身健康、自我欣赏的角度自愿地做这样的努力，而不应该是基于外在压力的勉强行为。

4. 我们一起来看看，除了身材之外，您有哪些让您感到自豪和骄傲的地方，有哪些"优势"。我们一起列举出您拥有的天赋、技巧和能力；列举出您获得的成就；列举出自己克服过的困难；等等。当您认清自己的优势时，您会对未来的生活充满自信。

5. 我愿意帮助您进行一些自信训练，以言语和非言语的方式呈现出自信，使您在同学面前抬起头，在妈妈面前也有勇气说出自己的情绪。

6. 我建议您通过影视多了解"不美丽"的女性的成功故事，了解您未来将从事的行业对从业者的要求。您一定会发现，美丽的外貌绝不是成为一个好员工的重要条件，苗条的身材也不是女性成功的重要条件，我们完全可以在身材之外发挥自己的优势，成为一个出色的从业者。

7. 我看您也提到了自己爱追求完美。我想请您想一想，对自己有完美的要求，是不是害怕不完美带来的羞耻感？当别人评判您胖的时候，让您觉得自己不够好，这其实是激活了您的自我攻击系统，开始质疑自己、产生焦虑。其实没有所谓的完美，别人可以用任何说辞来评判一个人，即便不是胖，也会有其他的。千万不要太在意别人说什么，因为别人的评判很可能是将他对自己不满意的部分投射到了您身上。最重要的是您要知道，性格、学识、能力、善良等才决定了您是怎样的人。找到您的真实需要，才能消除外在对自我价值的伤害。

8. 在我以往的咨询中,处于外貌、身材压力中的女性并不少见,我计划组织意识提升小组,邀请和您有同样困境的女性在小组中交流、互动,提升意识,完成自我赋权。

案例 8

没谈过恋爱，也没有朋友的女孩

来访者：女性，23岁，私企会计

自述

我的性格非常内向，由于小时候身材肥胖，被人嘲笑，导致我不太合群，朋友极少，现在差不多没有朋友。我从来没有谈过恋爱，没有哪个男人会看上我吧。

从大学毕业到现在两年了，我一直都在找工作与换工作，工作中的问题一般都是人际关系问题，与同事相处不融洽，感觉别人都在议论嘲笑我的肥胖。因为自己的不合群，同事都觉得跟我在一起很压抑，老板认为我没有团队精神，所以基本试用期一结束就会炒掉我。到现在为止，我的自信与自尊差不多已经降到了零。

在平常的生活中，我也没什么特别的兴趣爱好，只是喜欢与电脑有关的一切，特别喜欢上网下象棋、聊天。

其他时间，我也没什么高兴的事，很无聊，提不起精神，都快忘了怎样笑了，成天脸上没什么表情，反应有点慢，记忆力下降。我想看心理医生，但费用太贵了，又怕碰到熟人把自己当精神病人；看过一些心理方面的文章，可没什么用；想通过环境来改变自己，换了多次工作，也没什么起色。

我觉得自己的人生很失败，没什么前途，也想过自杀。

> **分析**
> 1. 身体形象羞耻的背后，是社会性别的影响。
> 2. 因为来访者有过自杀的想法，所以要对其进行心理健康状态的评估，确定是否属于危机干预的对象。

咨询要点

1. 我理解您难受的心情。您现在的情况是许多因素造成的，但不难看出，身材的事情一直影响着您。

2. 您小时候因为身材肥胖被嘲笑，是一切事情的重要起因。我们一起来讨论、反思一下社会文化关于女性，特别是女性身材的信息是如何被您内化的，又是如何影响您的，以及这些内化的信息与您"不合群""朋友极少"之间的关系。我们不难看到，社会文化对女性身材的定义，背后是父权文化对女性身体的隐性控制，这在很大程度上影响了女性的身心健康。

3. 我想和您一起反思传统的美貌标准，思考一下这种标准对女性的压迫，重新思考身材、美丽、健康之间的关系。以瘦为美的文化本身就是建构出来的，这样的建构下，女人的身体并不由自己主宰，这种审美的标准与女性本身的健康和生命力无关，它向女人传递的信息就是：性感、苗条才是具有吸引力的。因此，大多数女性为了取悦男性这一审美标准，开始不断地追求外在的曲线，而当自己达不到这一标准时，便认为自己的美感没有办法得到突显，从而慢慢丧失自信，甚至开始怀疑自己的能力。很多女性都有这样的经历，最终让自己的身体和心理受到了巨大伤害。您可以反思一下自己被压迫的过程。

4. 您现在的人际交往等问题,不是您个人的问题,也不是您的"不足",是被压迫的状态下的自然结果。您不必因为这些现状而感到自责,或更加自卑。您需要先消除对自己身体的污名感,找到身为女性的主体意识。

5. 您围绕身体外形的无力感,同样是社会性别权利建构的结果。女性主义心理咨询的权利分析技术中,提出我们处于四个领域的权利,而外表便属于"躯体/生理领域的个人权利",此外还有"心理/心灵领域""社会/人际——情景领域""精神灵性——存在领域"的个人权利。我们一起来思考一下这些不同领域的权利是如何影响您的,又有哪些是您可以利用的。

6. 我们一起来反思您的心理感受。您一直担心别人嘲笑您的肥胖,这源于幼年的经验,您不妨想一想,在职场中,人们真的那么关心和自己无关的、他人作为职场角色之外的事物吗?您的人际关系问题是否可能不是源于您的身材,而是源于您因为自己身材而产生的与人交往时的自卑?自卑的人,常常将注意力投向外界,如别人对自己会是怎样的评价,自己会不会说错话,对方是否不喜欢自己,总是有很多的问题和疑问。这就让我们在现实的生活中很难找到真正的朋友,难以释放心中的苦闷与不快,进而常常不能正确地评估工作中的挫折,导致多次的失败感增加了自己的自卑心理,从而更不愿与他人交往。如果您也属于这种情况,就可以考虑更有针对性地调整和改变。

7. 您提到没有男生会爱上您。您觉得每个人的审美标准是一样的吗?是否有人会觉得胖的人才性感、才美丽呢?事实上,我的经验是存在很多这样的男性的。此外，您是否只凭外貌选择伴侣呢？如果您不是这样，别人也可以不是这样。我们被一个人吸引，虽然通常始于颜值，但往往要合于三观，最后终于人品。美是多元的，当我们在某一方面丧失的时候，可以在另一方面找到。所以，每个人都有自己的价值。相信您可以重拾自信与自尊。

8. 您一再强调自己的无力感，其实，我看到您相比于一些女性，还是很有力量的。在父权文化关于身材审美的暴力压迫下，许多女性对自己的身材容貌已达到了非常苛刻的程度，开始折磨自己，进行强制性的健身，吃减肥药，做美容手术。但是您都没有做这些，说明您的内心还是有反抗性别压迫的力量的。

9. 此外，我还希望您看到自己在更多层面表现出来的力量，比如您一直在努力追求更好的生活，不断寻找新的工作环境，包括现在来咨询。这种对自己的改变，对美好生活的追求，是您重要的内在力量。您喜欢与电脑有关的一切，说明您有自己的兴趣爱好；喜欢上网下棋、聊天，说明您有与人交往的能力。只是这些能力被现实中因为身材引发的自卑压抑了。我想告诉您：别人对您身材的不尊重，不是您的错，更不是您的耻辱。对女性身体的不尊重其实就是对女性人格的不尊重，您完全可以忽视和鄙视那些不尊重您的人。

10. 您说自己差不多没有朋友，自尊差不多是零，听起来不是完全绝望，那这些"例外"时刻是什么时候呢？我们一起来回忆一下，这可能也能够带给您力量。

11. 根据您的描述，从大学毕业到现在两年了，您一直都在找工作与换工作。工作的不安定，人际关系的困扰，这背后是一个人的不安全感，能和我聊聊您和父母的关系吗？他们是如何看待您身材肥胖的？在他们眼里您是一个怎样的孩子？他们表扬过您哪些优点？

12. 许多女性都像您一样，被文化关于女性外表的定义压抑着，您不是孤单的。我认识一些女性，也因为身材等外在的原因受到文化压迫，她们有人选择了反抗，也有人像您一样出现了心理问题。我想介绍几位这样的女性给您，她们会与您分享被压迫的经历，以及自己走出压力的经验。

13. 建议您多了解那些身材肥胖或残障，以及其他不符合主流社会关于女性审美标准的女性的自强故事，从而受到激励。您会发现，女性即使没有一个符合主流审美的外表，也可以创造出幸福美好的人生。

14. 讨论到此，相信您的自信心已经有所提升。后面，我会帮助您做一些人际交往技巧的训练，从而进一步提升您的人际交往能力。

案例 9

皮肤上的斑，影响了我的爱情？

来访者：女性，26 岁

自述

我一直为感情的事困惑，工作和生活都受到了影响。

我小的时候不知为什么长了很多的斑，直到现在还有一些留在脸上和身体上，导致我经常有一种见不得人的感觉。有时我也会被自己吓到，觉得自己很难看，不洁净。我看过医生，可是医生却没有一点办法，也说不出具体的原因。

工作后我谈过两次恋爱，都很失败，因为我放不开，根本没有真正体验到恋爱的快乐。我想其中也有我自己的原因，男孩和我接触了一段时间就会觉得烦，我自己也总觉得该结束了。

第二个男友一开始很喜欢我，我也很中意他，可是后来他对我也没兴趣了，最后提出了分手。分手后，他曾希望复合，可是我对那份感情已经没有信心了，虽然心里依然喜欢他。

最近，有一位阿姨给我介绍了一个朋友，和他在一起我可以谈笑风生，可是心里却没有半点喜欢的感觉，只是没话找话聊。我还是会和他约会，虽然无聊，但至少不会孤独。只是，我心静下来时却有一种很恐惧的感觉。我在心里一直希望能有一个志同道合的人作为朋友和另一半。

现在我总有一种不安的感觉，朋友也联系少了，一个人的时间很多，除了工作就是在家里，觉得自己没办法去接触社会。外貌和心理都成了我痛苦的来源，希望能得到解决。帮帮我！

> **分析**
>
> 因为外貌产生自卑，并且影响到亲密关系，背后是社会性别文化中针对女性的"美貌暴力"，即强调美丽的女性才受欢迎。男性通常不会面对这样的压力。

咨询要点

1. 我理解您的感受。那些斑确实会让每一个爱美的女孩子感到焦虑，它们影响了您的自信，特别是影响了您在亲密关系中的信心，这都是正常的表现，是可以理解的。

2. 我们一起来梳理一下，您认为自己脸上和身体上长了斑，会"很难看"，甚至会影响别人对您的评价，这种观念是如何形成的？看一看在您的成长过程中，这样的认识是如何一步步被您内化的？您觉得所有男性都会有这样的观念吗？

3. 您因为外貌感到自卑，这种自卑是由什么事件或者什么人促成的吗？或者仅是您自己的担心使然？评判外表是否有吸引力的标准，也不只有皮肤是否有斑这一项，还有身材、肤色、五官等。而且，每个人的审美观不一样。您谈过两次恋爱，现在又处于一份暧昧关系中，可见，男性并不会因为您的斑就远离您，他们一样被您吸引了。所谓"瑕不掩瑜"，您也要看到自己的优势所在。

4. 您认为一个人的吸引力，仅仅来自外貌，还是有其他很多方面呢？我想更多了解您，比如您的职业，您的专业能力，您的兴趣爱好，您的性格，您与朋友交往的模式，您的人生规划，等等。我希望您看到自己的优势，看到自己有力量的地方。

5. 我们可以一起梳理一下您和两位男友的交往经历，你们交往时的具体情况，比如：相处模式，你们相互欣赏哪些地方，有哪些不欣赏对方的地方，您自己处于这两段恋情中的感受，您自己的需求，等等。这个过程中，我们也许会发现：真正影响您亲密关系的可能并不是"斑"，而是其他一些东西。

6. 具体来说，您提到接触一段时间后男友会"很烦"。您觉得哪些事情会让男友觉得您"很烦"？你们是怎么互动的？我们一起来看看，是不是欠缺沟通互动的技巧？如果是，我建议学习一些这方面的技巧。或者，是因为您的不自信带来一些不适当的行为表现？如您所说，在恋爱中"很放不开"，是否也是基于对外表的不自信，甚至自卑带来的？第二段恋爱，虽然您心里喜欢他，但是"对这份感情没有信心"，您为什么没有信心？哪些因素影响了您的信心？是否仍然和对外貌感到自卑有关？从您的自述看，似乎是有关的。

7. 在我们的文化中，存在着针对男女不同的标准。比如，文化强调"美丽"是女性的价值所在，而"成功"是男性的价值所在。在这样的文化影响下，女性更关心自己的外表，男性更关心自己的事业。在我们的影视、广告等文化产品中，充斥着美女的形象，这形成对女人的"美貌暴力"。在这样的文化下，您对自己外貌产生的焦虑和自卑，是可以理解的，这不是您的错误，而是文化的错误。这是不公正的社会性别文化。

8. 我们一起来看一看：人们真的只会用外貌来评价女性吗？有一句很经典的关于恋爱关系的描述："始于颜值，敬于才华，合于三观，久于性格，终于人品。"可见，一对恋人即使一开始相识的时候彼此被对方的外貌吸引，但是否能够走下去，外貌已经不那么重要了。每个人建立长期伴侣关系的时候，一定是因为欣赏那个人作为整个人的价值，如才华、性格、三观等，而绝不会只被外貌吸引。您也一样。

9. 您提到，因为外貌，您现在接触社会都少了，您是否愿意对此进行调整呢？越少接触他人和社会，您就越可能封闭，精气神都会受影响。而如果与人多接触，这期间多培养自己的兴趣，如健身、打球、自驾等，建立一个自己的社交圈。这时，您会发现自己吸引别人的地方，就会更加自信，更加乐观，整个人的精神面貌都不一样了，进而，您会发现自己外表的"瑕疵"不是人际交往的障碍。同时您也能多认识异性。人际交往是一种能力，我建议您后面也学习一些人际交往的技巧，多多练习。

10. 如果您对于自己的"斑"实在不满意，即使医生解决不了，您也可以通过外在的装扮来修饰，比如化妆、穿戴衣帽等。总之，它们只是一些小"瑕疵"，真的没有您想的那么重要。

11. 我也建议您阅读一些不符合当今社会主流审美标准的成功女性的传记，看一些有关她们的电影，与日常生活中这样的女性接触、交朋友。您一定会发现，外貌对她们的影响非常小，她们早就靠着自己的努力超越了先天的"局限"，成就了自己。她们可以做到，您一定也可以。

12. 我想进一步和您思考的是：您的原生家庭是什么样的？

在您成长的过程中，父母是否给了您足够的情感支持，是否经常赞美您？从您的自述中，我看不到这方面的支持，这也许是您自卑的一个背景原因。无论过去怎样，现在您已经成年了，您完全有能力主宰自己的生活，创造自己的自信和幸福。

案例 10

计划分手，但她先提出来，我接受不了

来访者：男性，大四学生

自述

我有一个女友，我们同校，她是我的初恋。但是我对她不满意，之所以没提出分手，因为我正准备考研，压力太大，需要同样准备考研的女友的陪伴和安慰。我们两人偶尔校外开房，我也能够得到性满足，如果分手，可能会性饥渴。我计划在考研之后提出分手，内心又有些自责，想自己这样做是不是成了"渣男"。

但是，寒假分开一个月后，再见面时，女友却先提出分手。分手的理由是考研压力太大，谈恋爱太分心思。

我觉得这是借口。有同学告诉我，假期看到过女友和别的男生亲密地走在一起。我觉得是女友劈腿了。

我非常痛苦，女友提出分手三天，我完全无法复习功课，不停地哭，整天想的都是女友，走在校园时，每个地方都让我睹物思人。我觉得自己其实非常爱女友。同时我为这些天无法复习备考感到焦虑。

如果她真另有所爱，说明那人比我优秀，告诉我，我也会祝福她。但她却说是怕影响学习，这理由说不通呀，她为什么欺骗我？

> **分析** 自己原本不太在意、计划分手的女友，先一步提出分手了，却让男人陷入痛苦中。支配型男性气质的受损，无疑是重要的影响因素。

咨询要点

1. 这是您的初恋失恋，肯定很痛苦难受。我理解您的感受。换作别人，也一样会难受的。失恋几乎是每个人都体验过的情感创伤，您并不孤单。

2. 换一个角度想：您已经计划好分手，还在为考研后分手是否"道德"而纠结，现在女友主动提出分手，不是正好解决了您的问题吗？您应该高兴才对呀。这样您既可以达到目标，又不必费心思提出分手，还无须背负道德负担，岂不是一件好事？

3. 但我清楚您现在确实很痛苦。那我们就一起来找找痛苦的原因吧。您的痛苦，是因为失去了一个您并不在意的她，还是因为是她主动提出分手呢？从您前期就想分手的计划看，您的痛苦更像是来自后者。女友主动提出了分手，这让您有被"抛弃"的感觉，有丧失感。主动提出分手，您是关系的控制一方；现在被动分手，您成了被控制的一方，这让您有挫败感。另外，此时分手，您失去了一个"情感安慰"和性伙伴，这加剧了您的丧失感。您觉得这样的分析有道理吗？如果您认同，我想说的是：没有什么事情是完美的，有得有失，想一想得到的，心平气和地接受现状吧。

4. 换位思考，如果按您的计划，考研后您提出分手，女友岂不是也很受伤？不妨再回想一下，你们恋爱的过程中，权力关系平等吗？是不是您一直拥有控制权呢？您习惯了在关系中控制，所以无法接受"被控制"与"被决定"？既然彼此在一起那么久，彼此间还是多少有过感情的，您就把这最后一次的控制权让她行使，这样来想呢。

5. 恕我冒昧，我还是想挑战一下您自私的恋爱观。您明明不喜欢现在的女友，但为了有人"送温暖"就留在恋爱关系中，所以女友只是您考研压力下情感和生理安慰的工具。您对女友没有基本的尊重，又谈何爱情。她提出分手您又很痛苦，这痛苦显然不是因为爱她，所以不要再说什么"非常爱女友"了。

6. 即使前女友是因为另有所爱而分手，也是她的权利。她选择不告诉你，可能是觉得说实话对你伤害更大，找个借口反而是保护你的情绪；你也不必觉得她选择别人，就是因为那人比你更优秀，每个人被别人欣赏的地方不同，你的前女友可能更欣赏他而已。

7. 失恋初期情感起伏是正常的，过几天就会好的。而且经历过这次挫折，您处理恋爱问题的能力也会提升。您还年轻，未来充满无限可能。相信您一定有很多优点，一定会遇到更适合您的人。"天涯何处无芳草"，相信吧，美好的爱情就在前面。只是想提醒您：在下一份感情中，要与对方建立平等的关系，避免陷入控制与被控制，避免将对方工具化。

案例 11

门不当，户不对，父母又反对，怎么办？

来访者：女性，26 岁

自述

我是一位市委书记的女儿，与一位男同学恋爱，却被父母坚决反对。

父母坚决要我们分开的理由是：他家庭背景不好。他伯父好赌，欠下二十几万元的债，他舅舅的儿子吸毒，他姐姐离婚后独自带孩子生活。我父母的意思是，这样的家族，还能有什么好人？

可是他们不了解我男友的性格为人，他是一个很正直、有责任感的好男孩，他的双亲也是安分守己的人。为什么我的父母只看到他家族中不好的一面呢？这些并不能代表一个人的将来啊。

而且他父母也不是体制内的工作，我爸妈觉得我和他"门不当，户不对"。但我母亲也说："阶层不是主要的，只是他家这样的背景，证明这家人的'命'不好，无论如何我是不会答应你们在一起的！"听到母亲这番话，我无言以对。

我理解父母是为我好，做父母的都希望儿女找个条件好的人结婚，但我觉得，爱情是更重要的。

我该怎么说服我的家人让他们接受我的男朋友呢？我真的很

苦恼，几乎每晚都是伴着泪水入眠，我该怎么办呢？

> **分析** 表面看是两代人价值观不同，其实是对爱情和婚姻的理解不同。慎重的思考应该以专业的理论作支撑，不应该仅凭热恋中的激情，或者所谓"命水"。

咨询要点

1. 我理解您的苦恼。你们两个人很相爱，您父母却以偏概全地反对，您看不到出路。您一定觉得父母不理解您，两代人之间有代沟。您可能还会想：这都什么年代了，父母不应该干涉儿女的自由恋爱。

2. 您提到，父母的干涉也是为您好，只不过你们的价值观不同，您看重爱情，而父母看重的东西比较多。可见您理解父母的顾虑，那我们就来看一看他们的顾虑是否有道理。

3. 首先要思考，婚姻是两个人之间的事，还是两个大家庭之间的事？有一种观点认为，婚姻绝不只是一对恋人之间的事情，而一定是两个大家庭之间的事情，既是您家的事情，也是他家的事情。为什么这样说呢？因为我们每个人都是从原生家庭走出来的，和原生家庭中的人有着千丝万缕、不可分割的关系。您和男友的关系，既受他们的影响，也会影响他们，这是一个互动的关系。未来进入彼此的家庭，不可能完全生活在二人世界中，一定还会与各自家庭中的人发生联结，所以对彼此家庭背景有深入的了解是必要的。

4. "命水"之说,属于迷信,我们可以弃之不取。男友家中其他人的问题,是否会"传染"给他呢?不一定,但也有可能。为什么这么说呢?因为原生家庭对一个人的影响非常大。男友的伯父和男友的爸爸是亲兄弟,出自同一个原生家庭;舅舅又和他的妈妈出自同一个原生家庭。至少我们从他伯父和舅舅的身上,能够看出他父母的原生家庭都可能存在问题,那他父母存在某些问题的概率便也高了。您有必要了解一下他姐姐离婚的背景,可能她完全没有责任,也可能她处理婚姻关系的能力有所欠缺。他的姐姐和他也是出自同一个原生家庭,他们在某些方面一定有相同的地方。

5. 当然,上面的分析不等于说,一个人不可能超出原生家庭的影响,但您至少要去了解。不去了解这些,仅从表面看到的,就认为他和他的家庭无可挑剔,是过于草率的。了解后,如果能够证明确实不用担心他们家庭成员之间存在"相同之处",那您就更有能力去说服您的父母了。

6. 您很有可能在想:"我非常了解他,我已经说过他和他父母和那些亲戚不一样了,不需要去证明这些。"英文中有一句谚语:"恋爱中的人都是瞎子。"您以为的了解,不一定是真的了解,我们总会被爱情冲昏头脑。幸运的是,父母往往扮演着"泼冷水"的角色,让我们冷静下来,有机会仔细了解这份关系。所以,不要把父母的反对当作压力,而要视之为一次机会。

7. 父母也是从热恋中过来的,他们热恋的时候一样可能是"瞎子"。但是,他们经历了婚姻,比年青一代更了解爱情和婚姻,比恋爱中的人更能够清楚地看到一份感情中的风险。所以,不妨仔细分析一下他们的意见，有备无患。

8. 您可能会想："就算没有证据撇清他可能受原生家庭的影响，只要我们相爱，就可以一起努力，战胜一切风险，解决一切问题。"这样的想法，我视之为浪漫爱情至上的价值观，这种价值观下，您会觉得有爱情就万般皆有可能，靠爱情可以解决一切问题。这是处于热恋中的年轻人常会有的想法。有一定的人生阅历之后您就会知道，爱情的力量没有那么强大，许多时候爱情解决不了任何问题，或者说，爱情是盲目的。

9. "门当户对"有一定科学依据。社会学有一个社会网理论，讲的便是同一个阶层的人更可能建立近的关系。这不是单纯从经济地位的角度考虑，而更多是从彼此的价值观和生活方式角度考虑。不同的社会阶层，从小到大接触的文化不同、生活方式不同，甚至价值观也可能不同，这些一定潜移默化地注入了我们的生活中。所以，有研究显示，原生家庭属于不同社会阶层的一对伴侣，比来自同一阶层的伴侣，结婚多年后，自我报告的幸福感普遍低许多。

10. 分析这些，不是否定爱情的价值，更不是主张您放弃这份爱情，而是希望通过这个分享给您增能赋权，帮助您能够从原生家庭、社会网这些专业的角度，全面思考您面对的爱情和婚姻。

11. 当然，如果您仍然坚持自己的想法，要和男朋友在一起，您也可以尝试下去，同时您需要有承担这个事情的能力。恋爱、婚姻会遇到各种各样的挑战，价值观、沟通等都是需要学习的。如果有一天在恋爱、婚姻里跌倒了，这也是成长的代价。

2 没有一个婚姻是完美的

婚内冲突咨询案例

社会性别敏感的婚姻咨询，需要启发来访者认识到社会性别对双方的建构，以及如何影响我们在婚姻中做出选择，最终实现增能赋权。

婚姻当事人都受到性别角色社会化的负面影响，因此，双方不是敌人。双方都需要学会对对方的社会化过程进行移情。为了感到安全，每个伴侣都必须感觉到被倾听、理解和重视。

案例 1

婚姻充满无力感，工作也出现危机

来访者：女性，30 岁，本科，医院行政职员，已婚

自述

　　我丈夫是一家大型国企的技术人员，我们家经济状况良好，有一个儿子。

　　我从小学到高中学习成绩一直优秀，深得老师、家长喜爱，高中毕业考入某重点大学，在校期间成绩优秀，是学校的文体骨干。

　　我在大学与现在的丈夫恋爱，毕业时放弃在大城市的工作机会，远离省会城市的父母，随丈夫来到目前所在的城市生活，这里是丈夫的家乡。

　　我从小生活、学习在省会城市，现在生活的县级市人际关系复杂，礼数太多，从一开始我就不喜欢。但是结婚后爱人对我很疼爱，我感觉很幸福，很依赖丈夫。

　　可自从有孩子后，丈夫把精力都花在了孩子身上，我们的夫妻关系不如从前。

　　两个月前，我与一位男性领导发生了一次较强烈的冲突，领导很可恶、很可憎，应该受到惩罚。我出现心情郁闷、焦虑头痛、疲乏、烦躁的情况，不想上班，感觉生活无意义，安静不下来。我虽能按时上班，但很不情愿，工作效率低，容易疲劳，家务活儿也懒得做，整日思考种种不如意，心烦意乱，乱发脾气，头

痛、睡眠不好。我担心自己的精神状态无法改善，影响健康、家庭和前途。

> **分析**
>
> 家庭与职场的双重不如意，加重了来访者的"症状"。走出"症状"，需要从家庭和职场两方面的改变入手。

咨询要点

1. 我理解您现在的心情。和丈夫的关系变得不尽如人意，在单位又和领导发生冲突，身心俱疲。

2. 可以看出您是一个对自我要求高，希望自己身体健康，重视家庭环境，同时也想在职场拥有美好前途的年轻人，特别棒！您的现状表面看和职业相关，源于一次同职场上司的争吵，但背后，不可回避的是社会性别的因素影响。我愿意和您一起鉴别您在成长过程中接受了哪些和性别角色有关的信息，或者更准确地说，是"如何做女人"的信息。完成这一步后，我将带领您观察，这些信息带给您哪些积极和消极的影响，哪些外部的性别信息被您内化了，这些内化的信息又是如何影响您的生活的。

3. 在您的自述中我们会看到：一个学业优秀的学生，为了爱情，放弃在大城市、父母身边更好发展的机会，跟随丈夫来到县级市。从社会性别角度看，女性被教育将爱情看得最重要，是比工作重要的事情；被教育要以男友、丈夫的发展为重，要"追随"丈夫。这可能是您来到县级市的原因之一，因为远离自己熟悉的社会文化而有诸多不便。同样的性别文化，也建构了您对丈夫的依赖，而当丈夫把精力更多放到孩子身上，您对他的依赖和需要无法得到满足，便感到生活不幸福了。职场上的冲突，一个大背景是家庭中的幸福缺失感。当被丈夫的宠爱包裹的时候，职场冲突的影响就会被淡化。而此时，职场失意无法在丈夫那里得到足够的呵护和关怀，种种心理疾症便出现了。

4. 从女性主义的视角看，您现在表现出来的症状，是对自己所处现状的一种反抗。您用这些症状来召唤丈夫的注意，也彰显了对自己性别带来的弱势处境的不满。被传统女性性别角色建构的女性，很多人有您这样的经历和处境，您的表现是"正常"的，您不是孤立的，更不需要自责。

5. 您现在的无力感，是您顺从传统性别建构后的无力感。我们一起来看看您的女性角色定位吧。您是否只是一个妻子、母亲，一个需要依赖丈夫宠爱的女人？您是否还应该是一个独立的女性？因为孩子的出生，夫妻之间关系变冷漠是很正常的一个现象。其实不一定是冷漠了，只是双方都要分出更多精力在孩子身上，彼此间肯定不能像二人世界时那样卿卿我我了。从积极的一面看，您的丈夫是一个顾家、有责任心的男人，愿意把精力都花在孩子身上。他分担得多，也是在生活中爱您、体谅您的表现。从您个人的角度，您不可能总是依赖丈夫，您也没有必要一直依赖他。您可以在丈夫把精力分给孩子之后，仍然快乐、自信，这应该是您的一个调整目标。

6. 这是一个挑战旧的性别角色的过程，也是帮助您放弃已经内化的、伤害了您的性别信息的过程。我愿意进一步和您讨论，您要放下哪些内化的性别信息影响。抛弃内化的信息，并不是一件容易的事，我们也不能急于求成，您需要时间慢慢放下过去的角色定位。

7. 再看一下职场中发生的事情，看一看您在职场的经历有哪些是基于性别的压迫。同样，职场处境和冲突的根源，也是权力关系的体现。您与男性领导间，既存在职务上的权力关系，也存在性别上的权力关系。这二者综合压迫，使您表现出自述中列举的症状。

8. 我愿意和您一起探讨您有哪些选项，可以帮助您走出现在的状态，包括婚姻中的无力感、职场中的无力感。婚姻中的选项，比如和丈夫坦率交流您对亲密感减少的焦虑，听一听丈夫怎么说；或者慢慢学会认可孩子出生对夫妻关系的影响；或者和丈夫一起安排一些专属于你们二人的"私密时光"；或者可以和丈夫一起做和孩子相关的事情，参加甜蜜的亲子互动小组；等等。在职场方面，这些选项可能包括：离职；和有冲突的领导沟通；向更高层领导反馈；自我忍受和压抑；看轻看淡职场烦恼，将情感投注到自己喜欢的事情上；还有就是职场的烦恼也可以跟丈夫沟通，丈夫是本地人，更熟稔家乡人际交往的复杂……我愿意和您一起逐一分析每个选项的可行性，分别有什么困难，如何克服这些困难。

9. 我愿意帮助您挖掘内在的资源和力量，回想您优秀的学生时代的成功经验，相信您是有能力处理这些事情的，即使处理不好，您也有能力在其他方面开创自信、快乐的生活。

10. 最后，我愿意陪伴您制订一个未来的行动计划，并且鼓励您开始执行计划。

案例 2

渴望婚姻浪漫，是不是过于理想主义？

来访者：男性，40 岁

自述

我与妻子是自由恋爱结合的，因此，我一向以为我们的爱情应该是属于那种至真至纯的、真正的爱情，至少对于我个人的内心情感来说，应该如此。可是在与妻子共同走过了十六七年的爱情之路后，我的心底却渐渐地、越来越强烈地生出期望离婚、去组织另一个家庭的愿望。每当那种要走向另一座围城的欲望出现的时候，我总是强迫自己追忆与妻子共同度过的美好时光。

我是一个极平凡、极普通的人，在人群中基本不会被注意到。对此，说句发自内心的实话，我真有些不以为然。身为一个男人，有没有漂亮的外表是自己无法选择的事情，能否真心实意地去爱才是至关重要的。正是由于这样的认识，我才千方百计地尽着自己作为丈夫、爱人及父亲的一切能够实现的职责。为了让妻子永久地品尝爱情的甜蜜和家庭生活的美好，我放慢了自己对一生事业苦苦追求的脚步，让一双握过钢钎、搬过铁轨的手在洗衣、烧菜、缝补等各个方面都显现出灵巧与温柔。

我很穷，穷到除去购买的一套狭小的福利房之外，几乎是一无所有。为了生存，为了实践我恋爱时对妻子宣称的"用我最大的力量，尽可能地让你幸福"的誓言，我也曾背井离乡，强挨着对祖国与亲人的苦念，独自漂泊于异国他乡；为了让家庭生活尽可能好一些，我也曾像赌徒般地投身于商海。为了尽到我作为丈夫与爱人的职责，我苦苦寻觅着赚钱发财的机会，承受着一次又一次失败的挫折和打击。我在商海中输得一败涂地，可是我却并不后悔。

我坚信爱情就是那种相濡以沫、举案齐眉、白头偕老的浪漫，期望着自己可以在这株爱情常青藤上任意攀缘、生长。可是我错了。一次难以自拔、情不自禁的过失，使我坠入了永难解脱的炼狱。那是一次对于我们双方来说，都铭心刻骨的恋情。我出轨了，情人虽然分享了我的柔情，却丝毫没有减少我对妻子与家庭的爱恋。对此，我不能责怪对方，也无法痛恨自己，更不能玷污那一段至纯的、如火般的感情。因为那既是真实的，也是不负责任的。

对于妻子，良心逼迫着我，只能将自己的一切和盘托出，以诚相告。不想，这件事在过了许多年之后，却仍然是妻子闲暇时"旁敲侧击"的话题，令我深埋在心底的伤口一次再一次地流出汩汩的血。

我的妻子是一个普通女子。在别人眼里，她聪明伶俐，思维敏捷，是个善于处事的能人。可在我看来，她只不过是一个我深爱着，或者至少可以说是我深爱过的女人，一个虽然头脑灵活却不懂得珍惜所拥有感情的笨女人。每当我看到她吃罢饭躺在床上的时候，我真的不怀疑"婚姻是爱情的坟墓"的论断是十分正确的。说这些，绝没有丝毫糟践妻子的意思，更不是说妻子是个一无是处的人。只是想说，这样的情景，一次两次是小节，如果长期如此，甚至常年如一日，会令人难以容忍。

一人独坐的时候，我常常一遍又一遍地问自己："你还在爱吗？你还拥有纯洁的爱吗？"我无法回答。因为我真的不知道，不知道自己是否还拥有爱，是否还拥有爱的权利与资格；我更无法知道自己的爱还能不能够算纯洁。

我想拥有爱，拥有那种能够让人痴迷不醒，令人回肠荡气、激昂奋进的爱情。"我是不是太理想主义了？是不是心理上或者精神上的什么地方出现了病变？"我一千次、一万次地追问自己，却始终找不出能够令自己满意的答案。

我想请教您：我的问题出在哪里？我该怎么办？

分析： 陷于平凡婚姻烦恼中的男人，渴望浪漫与激情。

咨询要点

1. 我欣赏您来咨询的态度，理解您对爱情和婚姻的期许，您愿意承担家庭责任，做一个好丈夫、好父亲，这非常好。你们是自由恋爱结婚的，您自述是个极平凡、极普通的人，没有漂亮的外表，穷到只能购买一套狭小的福利房，几乎一无所有。可见您的妻子当初是多么爱您，完全顾不上这些世俗的东西而义无反顾地嫁给一个相貌平平又让她受苦受穷的丈夫。可见您的许多优秀品质和对她的承诺带给她很多安全感，您应该庆幸自己找到了一个有金子般心灵的好女孩、好老婆。所以后来您会对自己的出轨行为自责。

2. 我们来分析一下，您现在的主要困扰是什么。您提到妻子偶尔会用您曾经的出轨经历"敲打"您。我理解那一刻您的心情，建议您不妨换一个想法，这是否应该是您承担的？和妻子可能经历的负向情绪相比，您偶尔遇到的"敲打"真令您那么难以忍受吗？看得出来，那件事妻子已经原谅您了。偶尔的谈及，值得您"流出汩汩的血"吗？您可以做些自我调整吗？

3. 您仔细检讨一下自己的潜意识，您现在的问题是不是想拥有"让人痴迷不醒、令人回肠荡气、激昂奋进的爱情"，而婚姻生活中体验不到这样的激情？进而您会责怪妻子、责怪婚姻本身。是否有一种可能：您的潜意识仍然渴望出轨，但您的"超我"又不允许您这样？所以您通过对婚姻中缺少热烈爱情的不满来宣泄心情？

4. 您是否曾换位思考，从您妻子的角度，思考她所经历的现状，会使她对婚姻和爱情有什么样的感受呢？您强调了您付出的责任，那么，您的妻子呢？她是否同样付出了？她是否现在仍然从您那里得到激情？我想，回答可能是否定的。所以，您需要警惕自己正以"受害者"的面目自怨自艾。

5. 您现在的最大问题是，身体已经回家，精神还在出轨。不是出轨给某个人，而是向往一种激情、浪漫的爱情生活，这是不现实的。婚姻原本就是平淡的，"婚姻是爱情的坟墓"是一种过于悲观的说法，应该这样理解：婚姻和爱情是两种不同的状态。进入婚姻中，爱情会变成亲情，这不是不好，也许是更好。因为亲情是一种相对稳定、牢靠的感情。

6. 建议您使用我的"婚姻五功能自我评估技术"，评估一下您的婚姻功能。"性生活的固定配对"这个功能曾经损坏了，但似乎已经修复了。从您的自述看，其他功能貌似也都可以，只是"情感"这个功能，至少与您的期许相去甚远。您要仔细想一想：自己更看重婚姻的哪个功能？如果您想要激情，似乎可以走出婚姻，另找激情。但是，所有的激情都会平淡，而为此付出的代价，需要您谨慎评估。我不是说这个代价不值得付出，而是说，您应该对此有清醒的认识和准备，再做出选择。

案例 3

为什么我和丈夫不能同频？

来访者：女性，33 岁，结婚 5 年

自述

我结婚 5 年了，每每暗示丈夫要偶尔浪漫一下，他却总是把我拉回到现实中。

在我们结婚 5 周年纪念日那天，我说："你知道今天是什么日子吗？"他说："当然！我会有所表现的。"于是，我欢天喜地上班去了，一整天都在渴望他能做点让我感动的事情。可是，一直到下班，他连电话都没打。我生气地回到家，发现他已经做好了饭菜，面对桌上的纪念日蛋糕，我一点胃口都没有，反而更加生气了，把所有对他的不满一股脑儿发泄出来。

我对丝毫没有浪漫细胞的他彻底失望了，他说我中了"浪漫毒"。可是我过分吗？我从没有幻想会收到 999 朵玫瑰，也没指望能在条幅上看到他的表白……但结婚纪念日和其他 364 天相比，区别仅仅是蛋糕。

我很想知道男人是否在这方面真的很弱智。请不要告诉我这就是婚姻生活，因为我并没有活在不切实际的浪漫幻想中，也不觉得自己过分，33 岁的我甚至说出了"分手"二字。

我真"中毒"了吗？

> **分析** 来访者期许的表达爱情的方式，与丈夫认为"好的"表达爱情的方式不一样。双方需要学习更好地沟通。

咨询要点

1. 我理解您的烦恼，对于结婚 5 周年的纪念日充满期许，得到的却是失望。您觉得丈夫不够浪漫，更主要的是觉得丈夫不懂您，或者对您不够"在意"，您甚至可能对他对您的感情产生了怀疑。您不是"中毒"了，只是可能不了解爱的语言。

2. 您想一下，丈夫做好饭菜，准备生日蛋糕，虽然不符合您的期待，但对他来说，这是否也是一种爱的表达呢？他能记起这个日子，还说会有所表现，表示他的心里是有您的，想在这天为您做点什么，只是他的方式让您不满意。

3. 我想先和您分享心理学上讲的"爱的五种语言"，指的是人们有五种表达爱的方式。第一种语言是"肯定的言辞"，即夸奖对方、赞美对方，相信每个人都喜欢被赞美；第二种语言是"礼物"，这是一种物质上的表达，在特定的日子，比如结婚纪念日，送给对方一份礼物，不一定多贵重，重点是让对方觉得你是"重视"他的，看起来，您可能更喜欢这种表达爱的方式；第三种语言是"精心的时刻"，愿意拿出时间陪伴对方，有人说，这才是最昂贵的；第四种语言是"服务的行动"，即给对方送去一杯茶，在对方回到家的时候帮他脱去衣服，准备好晚饭，平时承担更多的家务，您一定看出来了，您的丈夫在结婚 5 周年纪念日那天，就是用这种语言来表达爱的；第五种语言是"身体的接触"，牵手、拥抱、爱抚、接吻、性爱，等等。

4. 每个人表达爱的语言不一样，我们已经看到了，您期许的是第二种语言，您丈夫以为您期许的，或者说他自己擅长的，是第四种语言。您说这个结婚纪念日和平时的不同就是多了一个蛋糕，所以，您的丈夫每天都是用"服务的行动"向您表达爱的吧？这就是他的浪漫表达，您平时是否注意到了呢？是用哪种语言回馈他的呢？还是一直没有回馈过？

5. 伴侣之间是需要相互交流的。结婚五年，您应该对他的习惯很了解了吧，您是否对他坦陈过自己的喜好呢？比如，您喜欢什么样的浪漫表达。如果您没有说，他不一定会观察到。正如您也没有注意到他在用"服务的行动"表达爱意。

6. 每年的结婚纪念日这天，您有为他准备什么"意外的惊喜"吗？您有什么"浪漫的表达"吗？如果没有，是为什么呢？是因为您觉得，应该男性主动对女性表达爱，而女性不需要表达吗？也许您用自己认为浪漫的方式表达一次爱，丈夫就学会了呢。

7. 婚姻是需要不断沟通的。他欢天喜地地准备了结婚纪念日自己认为的浪漫，想与您分享，却让您生气，对他发泄所有的不满。您考虑过他的感受吗？如果这样的次数多了，只会打击他的积极性，影响你们夫妻之间的感情。你们应该更多倾听对方的声音，不仅是让爱在内心流动，还要把它用对方喜欢、自己也喜欢的方式，大声地表达出来！

案例 4

结婚半年，我们小吵不断

来访者：女性，25 岁

自述

我结婚刚半年，新婚后的生活还算甜蜜。但是伴随甜蜜的是几乎每天都有的争吵，虽然不激烈，但是也让彼此心里很不舒服，即使是小事也互不相让。庆幸的是我们依然深爱对方，可是一争吵就让我觉得婚姻不像我期待的那么美好。

争吵的原因都是一些小事，比如他会嫌我花钱大手大脚，他总想存钱。我的爸妈都是不存钱的，所以我从小就没有存钱的习惯，我理解不了他。我觉得赚钱就是为了花的，像相声里说的，如果你不花出去，钱永远都不属于你。

我对他也有一些意见，比如他不爱刷牙，晚上睡觉前也不刷牙，还要吻我，我就特别反感，怎么说他都不听。

我该怎样排解郁闷的心情呢？如何与他愉快地相处？

分析　来访者与丈夫在原生家庭中养成的生活习惯不同，目前处于调整期。如何将"争吵"引导控制在"沟通"的范围内，而不演变成激烈的家庭冲突，进而伤害感情，是他们需要考虑的。

咨询建议

1. 我理解您对婚姻关系的担心。您原本可能对婚后生活充满了很多美好的向往，结果却是不断吵架，这确实很让人心烦。但我想说，这也是许多新婚夫妻难以避免的。

2. 请您尽可能全面、详细地列出你们争吵的原因，以及争吵的过程，即怎么开始，怎么升级，又以何种方式结束。考察原因，是为了看一看你们的争吵到底是原则性的冲突，还是非原则性的；考察争吵过程，是为了了解你们的互动方式。

3. 您在自述中提到丈夫嫌弃您没有储蓄意识，您嫌弃丈夫不刷牙。以这两个例子看，都不是原则性的冲突，都是在原生家庭中养成的习惯。丈夫不刷牙的习惯，相对来讲比较好调整。您花钱大手大脚、没有储蓄意识的调整，要略难一些，但也不是不可能实现的。丈夫总想存钱，表示他有经营、建设小家庭的头脑，有家庭责任感。一个家里至少要有一个这样的人，不然两个人都花钱大手大脚、不存钱，家庭财政会遇到问题。

4. 您是否认为，婚姻本质上是一种合作，而所有的合作都需要妥协？结婚伊始，每个家庭成员带着过去生活中形成的习惯进入新的家庭中，都难免面对一些需要妥协、调整的地方。有些妥协，伤害到自身的利益，使双方权力关系不平等，那样的妥协是不好的。另外一些妥协，没有伤害任何人的利益，反而促进了双方共同的利益，会使双方的权力关系更加平等，双方相处更和谐，这样的妥协便是好的。比如丈夫养成刷牙的习惯，对他也好，对您也好；比如您开支时略为节俭，有所积蓄，成为你们共同的家庭积蓄，未来涉及孩子养育、家人生病、高额财产的购买时，会更有自主性，对您和丈夫的利益都有好处。所以，以您自述中的这两个例子看，你们都可以而且需要做出改变。

5. 当然，长期形成的习惯改变起来并不容易。要调整一个习惯，首先要看你们双方是否认识到调整的必要性，调整可能带来什么好处。比如储蓄的好处、刷牙的好处。此外，还有很重要的一点要想一想：我是否愿意为了让伴侣高兴，为了婚姻家庭幸福，而做出妥协？这就是爱情的表达。

6. 看完吵架的原因，我们再来讨论你们吵架的方式。每次吵架总是一个人先开始，还是两个人都有"挑起事端"的时候？吵架的时候，是否有一方总想压制另一方？你们是就事论事，还是会在每次吵架时将彼此间的旧日恩怨一起带出来？吵架结束的时候，有人做出妥协和让步吗？是否一定要争个输赢？

7. 我想说的是，婚姻伊始，双方有摩擦是正常的。试想如果有事不吵，憋着冷战内耗，更加伤身体、伤感情。如果是良性吵架，完全可以理解为沟通的一种方式。所谓良性吵架，至少要做到这样几点：尽量心平气和，就事论事，不做人身攻击；彼此尊重，一起分析事件，一起寻找解决的方法，不能一方压制另一方；双方要学会妥协；很重要的一点是，不能吵得激烈时，把对方的父母也带进话题，比如说"你和你爸你妈一样"，等等。如果是这样的"良性争吵"，您就不必过于焦虑。

8. 您再仔细想一想，这些争吵，有没有将你们之间原本美好的东西破坏掉？或者，你们是否发现自己在某些方面不了解彼此，还是发现以前对彼此的了解和认识都错了？虽然无论哪种情况都应该在婚前尽可能全面了解，但事已至此，我们应当多考虑进一步了解和达成妥协的办法。

9. 你们可以学习一些沟通技巧。比如，表达自己对对方的不满时，少说"你如何如何"，多说"我如何如何"，即不是指责对方，而是讲自己的感受，比如"听到你这样说，我心里很难过……"；再比如，在比较温馨的时刻，以柔缓的方式寻求沟通，避免在高危情境下的高危情绪；还有，学习正向思维，避免负向思维；等等。

10. 有些伴侣因为害怕冲突，即使对对方有许多怨言，也闷在心里，不敢说出来，这未必是好的办法。说出来，就有机会解决。这就好比高压锅，有一个放气的安全阀。如果把怨气闷在心里，越积越多，没有通过安全阀放气，最终爆发的时候，感情和婚姻可能就被毁掉了。

11. 你提到婚姻不像期待的那么美好，不知道您期待的美好婚姻是什么样子的，但要警惕不切实际的期许。婚姻是很现实的，和恋爱时的激情有很大差别。您能够来咨询，说明您非常渴望处理好婚姻中的冲突，这是非常好的。让我感到欣慰的是，你们虽然争吵不断，但新婚生活还算甜蜜，依然深爱对方，可见你们是因为爱情而走入婚姻的。相信通过您和伴侣的认真努力，一起度过这段婚姻的磨合期，一定可以不断减少冲突，共创幸福美好的生活。

案例 5

为了吃炒菜还是煮菜，我们能吵翻天

来访者：女性，29 岁，结婚两年

自述

  我和老公的爱情本来是很美好的。我们是彼此的初恋，很珍惜对方。

  结婚两年之后，我发现他好像有点变了，性格很粗暴、很小气，一听到有男的找我就很不开心的样子。更糟的是，他大男子主义很严重。我们经常为一些小事吵架，他因为一点很小的事情就对我生气，大声地骂我，让我下不来台。我也不可能忍着，于是就和他吵。这样吵多了，很伤感情。我们有时为了一种菜是炒还是煮，都可以吵起来。

  最严重的一次，是我们逛街时，在一家潮汕小食店吃饭。这是一间很小的店，店中说话大家都可以听到。我和他小声地聊天，我说："你们潮汕人最没礼貌了……"这句话还没说完，他当众很大声地骂我，说："你爸不是潮汕人吗？你怎么可以这样说？你快点给我滚……"

  整个店的人都看着我们，而我被这突如其来的骂声惊呆了，没想到他为这样的小事这样骂我。其实我本来想说："你们讲话的时候只用潮汕话讲，不顾其他听不懂的人的感受，别人坐在那里很难受的。"他是潮汕人,他觉得在这家潮汕人开的店讲这样的话让别人听到很拉仇恨,所以他就大声地骂我。

我想哭,但我忍住了。我一字一句地对他说:"你如果想用开水泼我的话你就泼过来,想摔碗就摔。"当时有一壶水在他旁边,他那个样子让我认为他真的想使用暴力。我很害怕,而且已寒了心。但我已做好了战斗的准备,准备一拍两散。

这件事之后,他花了很多的心思哄我,我也原谅了他。可是这件事让我担心我们以后的生活。性格是很难改的,这种大男子主义也不知可不可以改。我不能容忍他的独断专行。

所以,我该怎么办呢?

> **分析** 这是一例家庭矛盾冲突的案例,处理方式是双方努力增进非暴力沟通协调的能力。

咨询要点

1. 我理解您的心情,婚姻因为争吵让您感到压抑,更对未来满怀忧虑。如果想更好地处理您和丈夫的关系,您丈夫也必须参与咨询。从您单方面的讲述,我无法看清事件的全部真相,可能会以偏概全,无法真正帮助到您。目前在您丈夫没有到场的情况下,我只能针对您的自述进行分析,我无法确定这种分析是否准确,仅供参考。

2. 我需要更多地了解:有男人找您,丈夫就很不开心,他以前也是这样吗,还是婚后才开始这样?是否有其他经历使他如此疑虑？他表现不开心时，您当时是否曾清楚、耐心地解释？或者是否您也很烦躁，指责他荒唐自私？

3. 我想看到争吵的具体发生、发展、结束的过程，这些有助于我理解你们伴侣间是如何互动的。通常是谁先引发争端的呢？当一方引发争端之后，另一方的言辞和行为是将争端升级，还是努力澄清误解，避免升级？你们是否擅长进行"换位思考"？在争吵的过程中，双方是否有人会妥协？争吵之后，双方是否平心静气、不附加情绪地进行友好的解释沟通，还是任由各自心里埋着抱怨，回避这件事？

4. 以您举的"最严重的一次"为例，我们进行分析。您是否觉得您说的那句"你们潮汕人最没礼貌了"在他听来，也是一种"骂"呢？假设您是某地人，如果他在吃饭的时候突然对您说"我觉得你们某地人最粗鲁了"，您是否一样会觉得他在无端"骂"您呢？如果答案是肯定的，那么在他看来，确定是您无端地先挑衅了。至于您本来想说什么，毕竟没有说出来，他当然不可能依您没有说出来的话判断您的用意，您说出来的话已经体现出了攻击性。当他骂您之后，您立即解释了吗？至于您说"你如果想用开水泼我的话你就泼过来"这句话，看起来是明显的挑衅，是进一步激化争端了。如果这件事的过程，就是你们日常争吵的过程，那这就是一个暴力互构的过程，双方都是有责任的。

5. 仍然以此事件为例，他事后道歉，您原谅了他。你们二人有深入讨论过为什么会出现这件事吗？有商定过再出现类似情况的时候如何处理吗？比如再处于"危机时刻"，可以约定一些暗号来及时警示对方，先停止说话，给彼此冷静和澄清的机会。

6. 伴侣双方是平等的，所以，他如果真的"骂"您，您不忍着是对的，但是，如何回应，有时是需要一些技巧的。并不只有同样"骂"回去才是对自己权利的维护。有时，冷静地澄清误解，也是维权。

7. 从目前您的自述看，您和丈夫都需要学习控制和调节情绪的方法，学习非暴力沟通、良性互动的技能。反观你们的原生家庭成员之间是怎样沟通交流的，是否支配型男性气质在发挥作用？当然这不是简单几句话可以说清楚的，建议你们夫妻多读这一类的书、多学习。

8. 如您所言，性格确实很难改。但是，行为模式是可以学习和调整的。良好的互动沟通也能用来提升伴侣之间的亲密关系质量。这需要伴侣双方都抱有诚意，都做出努力。

案例 6

女人事业成功，男人无所适从

来访者：女性，46 岁，某企业老板。

自述

  大学毕业后，我与丈夫一起被分到上海某国企工作，本可以过着非常安逸的生活，但后来由于单位不景气，面临倒闭，丈夫主动离职，去了深圳寻求更好的发展，我自己决定坚守岗位。随着单位内部的中高层离职，我成了部门的唯一负责人，身兼数职，没日没夜工作，风雨飘摇的单位居然度过了危险期，开始慢慢好转。

  我当时的注意力完全集中在部门的相关工作上，忘了考虑远在千里之外的丈夫的感受，他开始对我有很多猜疑。

  我白天忙工作，晚上打电话并写信给丈夫解释，十多个月的努力与坚持没有换得丈夫心灵上的理解和支持，他坚持要离婚，我们最终离婚了。

  后来单位股份制改造，我接管了一家公司，开始在事业上艰辛奋斗。现在我所领导的公司已取得了非常不错的业绩，我成了总经理。

  在一次商业会议上，我认识了现在的男友，男友因为欣赏我的不懈努力，开始追求我，向我求婚。后来他离开原有的公司来到我的公司工作。我们之间也成了上下级的关系。

没想到，男友的心理开始发生微妙的变化，他越来越不舒服，我们两人的处境也变得越来越尴尬。男友觉得我的光芒把他完全挡住了，甚至觉得我在利用他。无论我怎样解释、证明，每次的结果都像飞蛾扑火、遍体鳞伤，他始终不相信。最终，他离开了我。

我不想放弃成功的事业，同时又向往幸福的亲密关系，两个男人的相继远去让我非常苦恼，平时工作时我也处于焦虑状态中。

> **分析**
>
> 又是一个和职业有关的案例。传统的职业咨询主要是基于中上层阶级男性的经历和情况，随着越来越多的女性在职场实现自我价值，传统职业咨询已无法满足女性群体的需求。
>
> 一方面，女性需要平衡家庭和职业的关系，另一方面女性还要面对薪资的性别不平等及性骚扰、职业发展规划等职场问题。在这个背景下，职业咨询不可避免地要纳入社会性别分析视角。这一视角不仅能够帮到女性，也一样可以帮到男性。
>
> 此案例中可以看到，在长期以来提倡"男强女弱、男主女从、男外女内"的父权文化模式下，如果伴侣一方违反了这个模式，对于双方的关系便构成极大的挑战。

咨询要点

1. 您的事业越来越成功，在亲密关系中却遇到困难，您处于一个两难困境中，您的焦虑是可以理解的。但我想说，这不是您的责任，是男人们的责任，或者说是社会性别文化的责任。

2. 每个人的个人身份和社会身份是相互依存的，不同的社会位置具有不同的身份认同，不同的身份之间可能是冲突的，我们的理想状态是最终能够在较为舒适的不同身份交叉中生活。您现在的情况是，您的社会身份（职场成功女性）对您的亲密关系产生了影响。您面对的是传统女性的从属地位、贤妻良母角色，与现代社会职场精英身份间的冲突。您的情感问题，本质上是社会性别问题，不是个人问题。其实，您面临的冲突也是当今社会很多女性面临的困扰：一方面，女性的社会地位和经济地位越来越高；另一方面，许多男人还没有做好准备，仍然想让女性处于低于自己的位置。

3. 您非常优秀，也十分努力，打拼事业，获得了职场上的成功，这非常不容易，我很敬佩您。您没有做错什么，不需要因为自己对职业领域成长的选择感到自责。您前面说到，自己自责太专注工作，忘记了丈夫的感受，好像自己真做错了什么似的。想象一下如果是丈夫专注于工作，是否会关心您的感受呢？当下社会文化又是否要求丈夫关心妻子的感受呢？事实上，让女性更关注家庭本身就是一种性别歧视。您已经做了努力，试图维持家庭和职场的和谐，证明您不是对婚姻和情感不认真的人。

4. 我们一起来分析一下您的家庭（亲密关系）中的权力关系。您的前夫实际上在对您进行性别规范、家庭中角色的控制，您已经为挽留这份亲密关系进行了努力。您与第二个伴侣之间，同样存在权力关系，他要维护男性在亲密关系中的权力，甚至无法容忍职场中处于伴侣的权力之下。两个离开的男性，都是在捍卫他们的支配型男性气质，捍卫父权制社会下男女不平等的权力关系。

5. 您提到自己处于"焦虑状态"，这种焦虑并不是您无能的表现，也不是您心理不健康的表现，恰恰是您不想向父权制的压迫低头的反抗。所以，这不是"症状"，而是您内心坚毅的体现。

6. 理想的伴侣关系中，生活中权力关系应该是平等的。您可以想一想，选择自己想要的生活，是继续追求事业成功，还是回归"贤妻良母"和"从属者"角色？如果这二者冲突怎么办？如果选择职业成功会失去再次进入亲密关系的机会，又该怎么办？您需要思考这两种选择各自的机遇与风险，在不受文化压迫的情况下，依据内心的声音，做出自己的选择。

7. 我还想在这里应用积极女性主义疗法的一些技术，来和您做一次梳理。第一步，思考："我在哪儿，我觉得怎么样？"梳理您对现在处境的认识；第二步，思考："我是怎么来到这里的？"这是对您职场身份与亲密关系中的身份冲突的认识，您一定可以看出来，您的处境是社会性别刻板印象、不平等的性别机制带来的，您没有过错；第三步，思考："我想去哪里？"您可以评估不同选择的风险，可以专注于自己想去的地方，如职场成功的同时也拥有理解自己的伴侣，或者可以忍受职场成功时亲密关系中的孤独；第四步，思考："我感觉如何？"这是梳理做出第三步选择时可能背负的负面感受、压力，您可以探索和克服这些负向的感受；第五步，思考："我如何到达那里？"您有很多属于自己的优势和力量，您可以挖掘自己的优势和力量，朝那个自己想要的目标努力。

8. 我想说的是，虽然您遇到的两个男人都让您感到失望，但您不应该对全体男人失望。社会性别文化在改变，男性也在改变。有许多男人也会愿意做女性伴侣的从属，支持女性主外。相信您可以遇到这样的男性。

9. 此外，也建议您学习亲密关系中沟通、交流的技巧，为未来亲密关系的良性发展做好准备。

案例 7

丈夫不思进取，我该离开他吗？

来访者：女性，32 岁

自述

我的婚姻令我苦恼。我已经结婚近 6 年，丈夫是我的初恋。我们度过这些年可以说平平稳稳，还没有孩子。

我和丈夫对爱情的表现是不同的，他是比较痴情和温柔的，所以对我细腻而甜蜜，这是他的优点。我很感谢他多年的情意，但是另一方面他似乎成长得太慢了。我一直知道我不是很爱他，至少不如他爱我或者依赖我那样。当初和他恋爱并结婚是因为我和他特别默契，我和其他异性从没有如此知心和默契，我们在思想和精神上很"吻合"，而且我知道他是很爱我的，我想可能我是情感不太强烈的人，我也知道婚后的生活大多平平淡淡，理智地考虑和他结婚应该也没错。

我父母开始是反对的，主要因为做父母的都希望女儿找个更有前途的人，而他在工作上太普通了。我告诉他们他会奋斗改变命运创造前途，而且我有我的能力，不需要依赖他。父母以很不情愿但宽大的胸怀接受了我的选择，他们有多遗憾我不知道，我只知道他们精神压力从此增大了不少，但因为他们始终相信我，所以没有阻挠过我。可是也许我对现实考虑不足，他工作上的平凡成为我们婚姻的隐患。我一直不停地奋斗，现在有光明的前途和不错的经济状况，我实现了多年前的信念，也赢得了所有人的敬重。但我丈夫可能正因为我没给他压力，至今仍然没有真正刻苦地创造他的前途。

我丈夫经常只考虑自己，不从整个家庭出发，任性而意气用事，所以我越来越不确定他能不能最终创造好的事业。其实我没要求过他多"出息"，但我担心我们拉大的差距和他没有事业成功会成为婚姻的暗礁，再深的感情在越来越强大的现实差距面前也是脆弱的。

现在我们到该要孩子的年纪了，我多么不情愿我的孩子遗传他不思进取的秉性。我发现我不想和他生孩子！我也不希望我的孩子将来发现母亲轻视父亲，父亲不是个"了不起"的父亲。而且我们不容乐观的婚姻前景使我不敢和他生孩子，怕孩子将来经受父母离异的打击。我该怎么办？

正在我为此烦恼时，有位男士不巧闯进我的生活，他不知道我貌合神离的婚姻状况，也不敢靠近我。我对他有朦胧的好感但了解不深。理智地看，我不会为不了解的人而结束婚姻，可我又为不能去了解他而颇为伤感。我丈夫请我再多给他点时间。我觉得这已经不是时间的问题了，我的内心对丈夫只愿意接受他是个好朋友，虽然他一直爱我并忠于婚姻。

其实我知道这和那位男士没有太大关系，他很不愿意充当不光彩的角色，他只是远远地喜欢我。我该怎么办？我不想再观望下去，要么铁了心不要孩子，或者放弃高的要求麻木一点不要为未知的孩子打算太多，很多人不是都没深厚的感情和稳定的生活也能繁育后代吗？我能做到吗？我对婚姻和丈夫还能恢复信心吗？人本性难改，他这么多年都没改过来，再有这次机会真能扭转乾坤吗？

> **分析** 来访者对丈夫的不满，依旧建立在社会性别刻板印象的基础上。

咨询要点

1. 我理解您的感受。婚前父母就因为他"没有前途"而反对你们结婚，你保证他会靠奋斗改变自己的命运。但是，结婚6年，你越来越强，他却没有任何改变。一直是你自己在奋斗，一定很辛苦吧？

2. 您提到，恋爱的时候，你们在思想和精神上很"吻合"。那是怎样的一种"吻合"呢？也就是说，你们因为什么而相互吸引？您最欣赏他的什么品质？你们有哪些共同的价值观、共同的兴趣爱好、共同的处世模式吗？

3. 您再想一想：当初他吸引您的，促使您不顾父母反对坚定地和他结婚的那些东西，现在还在吗？您是否仍然认为那些很重要，足以吸引您呢？如果您的回答是否定的，那说明你们至少一方发生了行为或观念的变化；如果您的回答是肯定的，那就是说，仅是您当时对他婚后将"积极进取"的期许没有得到满足。

4. 我们再来看一看，您是如何形成"男人应该积极进取"的价值观的。相关的信念是在什么时候，如何一步步进入您的头脑，被您内化的？这些观念给您带来什么正向的积极的影响，以及带来哪些负面的消极的影响？可见的消极影响之一，便是对您丈夫的"不思进取"不满意，影响了你们的婚姻。

5. 我想和您分享的是，传统的社会性别角色对男性和女性都有一些要求，比如要求男性要事业成功，要"不断进取"。但问题是，个体的差异非常大，有的男人再努力也没办法成功，有的男人对于生活的理解不同，幸福感的获得方式不同，他原本就不想"进取"。我们是否应该尊重每个人对生活的理解和期许呢？

6. 您一定在婚前就了解到了丈夫"不思进取"，但您认定他将"通过奋斗改变命运"。这是他对您的承诺，还是您自己的判断呢？如果是他当时对您承诺了却没有做到，无论他当时因为什么做出承诺，确实都会加剧您的失望。您多次提到担心丈夫因为不如您而自卑，但如果他根本就没有"男强女弱"的社会性别刻板印象，就不会有这样的顾虑。结婚 6 年，他还对您比较痴情和温柔，细腻而甜蜜，忠于婚姻，可见他并没有因为不如您而自卑。您的担心和顾虑，恰说明您深受这样的性别刻板印象影响。

7. 您是否询问过丈夫如何理解"不思进取"，如何看待自己的人生价值？他是否做过努力去进取？这些努力又因为什么而失败？这样的分析，有助于您更准确、清楚地理解丈夫的现状。

8. 您提到丈夫只考虑自己，不从整个家庭出发。除了"不思进取"，他在其他应该承担家庭责任的方面，是否做了努力？或者同样令您失望？

9. 您提到不敢生孩子，一个重要原因是怕孩子继承了丈夫的价值观，或者"看不起爸爸"。我想说的是，每个孩子都可以有自己的价值观，我们不能够假想"不断进取"就一定是好的，不能把自己的价值观强加给孩子。而且，孩子是否敬重爸爸，会受很多因素的影响，比如爸爸是否足够关爱孩子、关爱伴侣，等等。

10. 我能够看出，您自身是非常努力进取的，您自然也希望丈夫这样。但不妨换个视角看一下：如果丈夫"不进取"，对您、对家庭、对未来的孩子，有哪些好处？比如他更在意平常生活的幸福，可能更多承担家务，更多陪伴孩子？您还要考虑一下，在目前丈夫"不进取"的情况下，您家庭的经济状态如何？是否有生活负担？

11. 您提到自己可能和丈夫的差距越来越大，那么，您是否愿意接受"女强男弱"的伴侣模式，还是一定要遵守传统性别文化下"男强女弱"的模式？"女强男弱"的模式会带给您什么压力？比如父母的担心，或者别人的议论？这些压力主要是外在的，还是基于您内心的既定模式？我相信通过这样的思考，有助于您更理性地面对婚姻现状。

12. 建议您使用"婚姻五功能自我评估技术"，对您婚姻的价值进行分析，以便更清楚地理解您的处境。

13. 至于您目前心仪的那个男人，您不妨分析一下：自己对他的情感，和对丈夫的不满之间，到底存在什么样的联系？我希望您将二者分开进行思考，不要互相影响。而且，正如您所说，您对那个男人并不了解，也许他比您丈夫更加"不思进取"，或者有其他您无法接受的地方。所以，将这两件事绑在一起思考，只会影响您做出正确的分析和判断。

案例 8

面对自私的丈夫，我不想再做"贤妻"了

来访者：女性，31 岁

自述

  我和丈夫恋爱两年后结婚，丈夫出身于高级知识分子家庭，父母都是大学老师。结婚半年后，他毅然决然地辞职，冲入了考研大军。他说读书是为了这个家，如果他成功了，这个家就有希望，要求我全力支持他。他花了整整三年的时间还是没有考上，最后他花了两年时间脱产读了 MBA。前后整整花了五年的时间。在这五年中，他没有赚一分钱，我养了他五年，而且他学费花了 40 万元，其中 20 万元是我的婚前积蓄，10 万元是他父母的，余下的是我们结婚后存的。毕业后他进入一所大专做老师，准备继续考博士。

  我结婚后一直想生一个孩子，但是他不同意，认为有了孩子会影响他读书。一直到现在 MBA 毕业了，他还不想生孩子，因为又要考博。

  他要继续读下去，难道也是为了这个家吗？多年来我对他的支持，开始时他还感激我，可是后来已经变成了习惯和理所当然。我的工资交给他来管，是看在他没有赚钱的份儿上，男人总是需要自尊的。可是后来，他却控制着家里所有的钱，买房的大事也

不和我商量，全部听他父母的安排，他把我多年的积蓄都拿出来了，连养孩子的钱也没有留。

他父母把房子买在了他的大学旁边，可是我每天上班要辛苦来回乘4小时的车。我对他说我的体力吃不消。他一点儿也不为我考虑，说习惯了就会好的。我说那我怀孕生孩子怎么办？他说以后的事以后再说。他还说要不要孩子都可以。

他的心中只有他的学历和拥有学历之后的社会地位，他根本不关心我真正需要什么，他只想着他的博士梦。

我终于明白了以前他要我有健康的身体，是因为我一旦生病，他就没有时间去看书，需要花时间照顾我，就会影响他的学习；他不做家务也是为了他的学习。

我发现他是一个没有责任心、自私、虚伪、心胸狭隘、要面子的人。感情就像银行的储蓄，只有索取没有回报迟早会透支。我的婚姻已经透支了。我提出了离婚。

我第一次看见他号啕大哭地跪下求我，泪流满面地请求我的原谅，说都是他的过错，说他当时不懂得珍惜我。

我动感情了，原谅了他，但提出来，要他把收入交给我保管，还要把我婚前的积蓄20万元还给我。我需要自己有些钱才有安全感，我还想养孩子呢。

我没想到的是，他和我算了很详细的一笔账，连超市购物的账单都拿出来了。最终的意思是，他不欠我的。

我彻底寒了心。我告诉他我不愿和一个自私、虚伪、狭隘的人生活一辈子，我根本不在乎他是否有博士的头衔，是否是大学老师。我还年轻，我应该有自己的生活。

现在我已经搬到我的父母那里生活,他一直在求我的谅解,给他重新做人的机会。

我是否应该原谅他再给他最后一次机会,看他的表现再决定?

> **分析** 一位一直在传统社会性别角色下生活的妻子,终于看清了丈夫的真面貌,觉醒了,并且开始追求属于自己的人生。她需要的是坚定的支持。

咨询思路

1. 您的故事令我非常感动。您非常棒,非常有力量,您想拥有自己的生活。我也理解您的迟疑。我愿意帮您一起分析眼前的处境,并且尊重您的选择。

2. 文化一直建构女性应该在婚姻中扮演什么角色,那就是做一个好主妇,支持丈夫,相夫教子,仿佛这就应该是女性全部的人生价值所在。与此同时,却强调男人的价值在于事业成功,为了事业甚至可以牺牲家庭。您前期在婚姻中就扮演了传统女性的角色,而丈夫也是在追求传统男性角色的定位。这种模式一定是建立在牺牲女性的基础上的,双方在婚姻中的权利也必然是不平等的。丈夫那些自私的行为表现,就是这种不平等权利关系的体现。

3. 我很高兴地看到,您觉悟了,并且坚定地要离开这种不平等的关系,追求自己的生活。并不是所有女性都能够做到这一点的，许多女性一生都在这种压迫性的关系中走不出来。所以，您非常了不起。您清楚地知道自己想要什么。而且看起来您也没有思想负担，并不担心离婚后自己没有能力去追求自己想要的。我从中看到了您的力量，令人无法不真心敬佩的力量，您应该珍惜这种力量。

4. 我也理解您当下的迟疑，面对丈夫的请求，您一定也幻想他如果真的能改变呢？但是，口头的承诺没有任何意义，如果丈夫真的坚定地想改变，就要立即制订一个行动计划，并且立即开始落实，包括您的返还积蓄的要求。同样还可以包括：放弃考博计划；着手准备生孩子；将住处换到离您现在工作场所近的地方；等等。总之，他若真心改变，就要立即从您的角度思考问题，重视您的个体诉求。这些诉求已经被他忽视太久，必须立即变成实际行动，才是真正改变的开始。如果他有这样的立即行动，您可以考虑再观察一段时间。

5. 从您的自述看，丈夫目前似乎还没准备好立即改变，似乎更多是希望您继续包容他。如果是这样，就意味着你们的权利关系没有改变，您如果妥协就意味着您放弃了前期的所有努力，再次回到"男主女从"的婚姻关系中。从性别平等的角度，我反对您做这样的选择，建议您坚定地走自己已经确定的离婚之路，必要时，可以通过法律手段。

6. 如果您觉得有必要，我愿意和您再进一步分析一下您现在拥有的资源，一起规划未来的路径。

案例 9

丈夫无端猜忌后，我真的出轨了

来访者：女性，33 岁，中学老师

自述

　　我上大学时谈了恋爱，有一个男友。大学毕业那年，我到一所中学工作，认识了一位已婚的老师，我成了他的情人。后来，我和男友分手，这位老师也和妻子离婚，我们结婚了。

　　现在，我们已经结婚十年，有了一个活泼可爱的女儿，今年七岁，上小学二年级了。

　　结婚这十年，我们拥有许多欢乐，也有一些悲伤。悲伤主要来自我们的性格有别、喜好有分。他爱面子，也很小气，而后又变得多疑。他对我很好，真如同大哥哥照顾小妹妹一样。后来我慢慢地感受到他很小气，有时因一句玩笑话也会引起我们之间的不快。我是一个活泼好动又爱好文体活动的姑娘。

　　和他结婚后，我被学校任命为团支部书记，经常组织老师们搞活动，有时也组织舞会。有一次我们开展了一次交谊舞会，他听说我要去跳舞便如坐针毡。等我去了回来，他已喝了一瓶白酒，一场吵闹之后便对我拳脚相加。自那次以后，我精神上有了压力，不能放松地让自己开心，出门得赶快回家，否则就得看他脸色，我身心都不自由了。

　　他对我总体挺好的，就是好猜忌。我问他为什么这样对我，他说是因为爱我，怕失去我。是这样吗？他这样做使我更迫切希望自由。

后来，他的疑心更是一天天加重，甚至连作协吸收我为会员时，他都怀疑是我去跳舞时认识了某人，某人介绍我加入的。一天，我搭了学校后勤主任的车去办了点事，回家后我如实告诉了他，他很不满意，猜疑我。我很生气，就把这事又告诉了那位主任，主任就很过意不去，试图安慰我。在交谈中和平时交往中，我发现他生性豪爽，开朗大方，待人诚恳。和他一起是我结婚后第一次单独与男性交谈家事，我居然又有了恋爱的感觉，有一种害羞和躁动。特别是他多情的眼神让我难以忘怀，我开始喜欢上他了。

主任长我九岁。和他在一起我感到轻松愉快，没有压抑感，在他面前我可以随便聊天，他也不会生气，人也很风趣。我爱他，但我并没有与他成家的欲望，因为他是有妇之夫，我也是有夫之妇。于是我们共同约定只做情人。我们过得很愉快！有时也想断了，可断不了，我总也忘不了他对我特有的那种眼神。

我该怎么办？

> **分析** 原本不存在的出轨，因为丈夫的猜忌给妻子很大的压力，最后竟然真的变成事实了。来访者其实面临两个要咨询的问题：与丈夫的关系；与情人的关系。

咨询要点

1. 谢谢您的信任，来咨询这个隐秘的话题。我非常理解丈夫的猜忌带给您的烦恼，也理解您在得到情感支持时的出轨行为。我也看到您处于心理和情感的纠结中，我愿意和您一起探索出路。

2. 先看您和丈夫的关系。您是否想过，丈夫对您的猜忌与控制，有什么背后的深层原因？很有可能与你们结识的过程有关，当年您在有男友的情况下与他恋爱，这可能是他现在对您"不放心"的一个背景。另外，你们年龄相差大吗？你们现在的社会地位和收入差别大吗？如果大的话，这些都可能使他更加不自信，也就更加猜忌。理解他猜忌的原因，并不是要接纳他的行为，而是为了更好地解决你们之间的矛盾。

3. 要明确的是，无论因为什么猜忌，他的猜忌都已经给您造成了精神伤害，甚至有家庭暴力中精神暴力的性质。丈夫对您交友的猜忌和反对，又有行为控制的嫌疑。甚至在一场吵闹之后便是拳脚相加，这对您构成了肢体暴力。您感到身心不自由，恰是这种家庭暴力的后果。如果可能，您的丈夫也应该来做咨询，在他没有来的情况下，您可以清楚地向他转述他行为的性质。家庭暴力的本质是控制，而他的行为就是为了控制您。您有权利对这种控制说"不"。

4. 行为控制的背后往往是不平等的权力关系。您可以检讨一下，您和丈夫间的关系是否平等。如果不平等，我愿意帮助您一起修复这份关系。

5. 在丈夫的猜忌和控制下，您真的出轨了，这很有讽刺意味。但您并不想离开丈夫，只是想私下保持情人的关系。您之所以又想过分开，一定是也意识到这份关系的风险，一旦被丈夫发现，就坐实了他原有的种种猜忌。那时，事情的性质就发生了变化，您不再是家庭暴力的受害人，至少他会坚定地认为，是您对他构成了"暴力"，他成了受害者。

6. 咨询师不会建议来访者做什么事，我会提醒您考虑一些因素，如果您不结束婚外关系，将如何做才能不加剧婚姻危机？如果事情被丈夫发现，您又将如何做？当您将所有这些都梳理清楚之后，您的选择和行动才不只是基于激情的。

7. 您认为现在的情人很好，但不妨回想一下，您当初离开男友和现在的丈夫走到一起时，是否也有过浪漫的激情，也有过许多情投意合的时候，有过感动的瞬间。只是，这些随着婚姻的日久，变得淡漠了。那么，现在的情人关系带给您的美好感觉，您觉得是否也会随着时间而变淡呢？我这样说不是让您现在结束这段关系，而是希望您更清楚地看到亲密关系的特点，从而更理性地做出评估和选择。

8. 除了您提到的，您与丈夫间是否还存在其他不和谐的地方？比如性。此外，我建议您也学习一些伴侣沟通的技术，更好地促进与丈夫间的沟通互动，增进对彼此需求的了解。

9. 婚姻不是恋爱，存在各种各样的问题是正常的。婚姻是要不断经营的功课，您来咨询，已经开始了这个经营。如果可能，也建议您丈夫来做咨询。伴侣关系问题，共同咨询，一起经营，才会得到更好的解决。

案例 10

施暴的丈夫有大男子主义倾向

来访者：女性，30 岁

自述

　　我和先生结婚七年，小孩四岁多，为鸡毛蒜皮的事吵了七年，其中还有几次大打出手。

　　小孩满月时刚好过年，他就说我没有好好收拾屋子把我推倒在床上，还说要赶我回家，其实孩子未满月时我已自己做饭，而其他产妇坐月子时根本不用干活儿；还有一次忘记我为了什么事跟他顶嘴，他竟然用螺丝刀掷向我前额，差点伤到眼睛，事后他也害怕。但他这人真的无可救药，这件事后还会打我。

　　他还经常看不起我是大专生，因为他是本科生。

　　我觉得他非常大男子主义，从来没想过了解和关心女性，认为女人就是为丈夫和孩子服务，我做家事是应该的，他多做一点都不行。他不仅打我，还打孩子，打的时候不许孩子哭，打到孩子不敢哭。

　　他在外面却一表斯文、虚伪得很。他要自己说了算，而我却不喜欢受约束。

　　去年11月我曾经向法院提出离婚，事后他求我撤回，说再过些日子，真的不行再提，还写保证，以后不再打我和孩子。

　　但是，昨天他又为我不够勤快而打我，我右手大拇指都肿了。

我觉得他根本没把我当人看，他曾经说过等孩子大了就一脚踢开我。我这样继续下去好像苟且偷生，很屈辱。如果离婚，我也担心面子太难看。

您说我该怎么办？

> **分析**
>
> 1. 这是一个家庭暴力受害人的咨询，案例体现了家庭暴力的很多特点和规律。
>
> 2. 家庭暴力咨询，与家庭矛盾咨询不同。家庭暴力咨询的目的是保障受暴者人权不受侵犯，家庭矛盾咨询则可以提升伴侣沟通互动能力，促进家庭和谐。当家庭冲突中出现暴力时，无论是肢体暴力、精神暴力、性暴力、行为控制、经济控制中的哪一种，咨询师都应该敏感地意识到受害人的人权正在被侵犯，从保障受害人人权的角度进行咨询。

咨询要点

1. 我非常理解您处于家庭暴力中的感受。您是家暴的受害人，您感到很无助，还担心对孩子的影响。家庭暴力是不应该被容忍的，我会努力帮助您走出暴力。我想同您确认：您现在是否安全？您的孩子是否安全？

2. 我这里有一个家庭暴力危险度评估量表，我需要问您几个问题，进行评估。如果属于可能致人死亡的高风险型暴力，我会明确地告知您风险，建议您立即离开暴力关系。从目前您的自述看，您现在未处于高风险型暴力中，暴力程度为中等。

3. 我需要向您介绍家庭暴力的本质和规律，帮助您正确地理解家暴。家庭暴力的本质是权力和控制，不是其他。您的丈夫，明显在家庭中与作为受害人的您在权力上是不平等的，他将家务全部推给您，不承担家庭责任，他一直试图控制您。您提到丈夫"说了算"，稍有不满意就对您施暴，这都是典型的控制行为。家庭暴力具有周期循环、反复持续的特点。加害人在施暴后会道歉、认错、写保证书保证再也不犯，受害人原谅他之后，他不久又会施暴，进入新的一轮"施暴—认错—原谅—再施暴"的循环中。

4. 加害人的特点在您丈夫身上表现得非常突出，比如支配型的"大男子主义气质"，对女性充满偏见的行为，不平等的婚姻关系，如他说等孩子长大将您"一脚踢开"。他对外人一个样子，对家人一个样子，也是家暴加害人的常见特点。加害人的改变，需要本人有强大的改变愿望，并且接受专业的心理辅导，从自述看，您的丈夫目前没有改变的意愿。

5. 虽然您没有提到，但我觉得仍然有必要向您介绍一些关于家庭暴力常见的迷思，以免您可能存在这样的迷思。比如"加害人工作压力大、脾气不好才会施暴"，就是关于家暴的常见迷思，工作压力大、脾气不好，都不能够成为暴力的借口。

6. 不知道您是否有过报警的经历。建议您下次受暴时一定要报警。按《中华人民共和国反家庭暴力法》的规定，警察必须出警，还会有出警记录，可以按您的要求带您到医院验伤，向加害人出具告诫书，代您向法院申请保护令，等等。报警记录可以成为在离婚时向法庭证明您是受暴者的重要证据之一。

7. 家庭暴力具有传承性。您丈夫的暴力，几乎可以肯定是他从原生家庭中学来的，而处于原生暴力家庭中的孩子，未来也可能成为施暴者。

8. 家庭暴力对孩子可能造成很深远的负面影响。生活在暴力的家庭环境中，孩子从婴幼儿阶段开始，其身心健康就已经受到影响。孩子在成长过程中将出现失眠、发育不良、厌学、自卑、说谎、逃学、人际交往困难、暴力、自杀等许多风险。成年之后，通常会难以开展亲密关系、自卑、传承暴力。从自述看，您的孩子已经受到负面影响，您也非常担心孩子受影响，我强烈建议您采取行动保护孩子。

9. 家庭暴力非常普遍，无处不在，背后是强大的父权文化，您面对家暴感到无助是非常正常的。遭受暴力，绝不是您的过错，您应该得到比这更好的对待/生活，任何事情都不该成为家庭暴力的理由。国际社会已在倡导"对暴力零容忍"的价值观，面对暴力，如果您不采取行动，情况只会变得更糟。

10. 我给您咨询的目的，是希望为您增能赋权，使您有能力主导自己的生活。我们可以一起来整合资源，看看有哪些渠道可以帮助到您，给您提供多方位的支持。目前我国有反家暴的联动机制，即公安、司法、心理辅导、社工、妇联等可以同时介入家暴事件，为受害人提供支持，您可以利用这个机制。《中华人民共和国反家庭暴力法》中对受害人权利有许多条文维护，比如颁发保护令，离婚时财产分配向受害人倾斜，等等。我愿意帮助您充分利用法律资源维权；您还可以挖掘自己的社会支持系统，比如父母、好友、工作单位。支持系统网越多，您就越有力量改变现状。

11. 我们一起探索一下，目前您有哪些可以选择的方案，评估每个选择可能带来的后果。我们说对暴力"零容忍"，是指对暴力行为绝不容忍，并不是说一定要离婚。是否离婚，最终我会尊重您自己的选择。我有义务提醒您在做选择时排除非理性因素，比如您担心离婚会"面子难看"等。和自己的幸福相比，别人怎么看您真的那么重要吗？您有权决定自己采取什么样的应对策略，我只会提供选项，帮助您分析每个选项的利弊；您有许多的选择，我将支持您的选择。

12. 如果您决定先留在婚姻中，继续和加害人生活在一起，我就要协助您制订安全计划，避免因为家暴导致身心受损。这份安全计划应该包括在遇到暴力时，可靠的逃生方案与求助策略。

13. 我们一起探讨一下您有哪些优势，我相信您有许多值得自己骄傲的地方，这些都是您的力量所在。对这些优势的梳理，有助于您掌控自己的生活。

案例 11

发现我出轨后，老公对我家暴，是我活该吗？

来访者：女，45 岁

自述

我出轨被老公发现，他打了我。之后老公选择了原谅我，我们两人也达成共识，继续婚姻生活。

但是在那之后，老公动不动就会拿我出轨说事儿，经常拿我发泄情绪，对我语言暴力，询问行踪，经常视频确认我在哪里。有一次他喝多了又打了我。我很恐惧，不知道哪次又惹他发火。他说，我出轨在先，活该挨打。

老公脾气不好，控制欲、传统主义、大男子主义比较严重。我出轨之前他也动过手，我也跟老公交流过，自己讨厌男人对女人动手，老公说年轻人谁还没个脾气，对此不以为然。

我不堪忍受，又觉得理亏，无力解决困境。为了逃避，我离开老公到另一个城市的儿子那边去了。近一段时间，老公一直催促我回家，说不能一直这样分居，我不知道该怎么办，担心回去还会挨打。我觉得以后我们即使在一起，日子也很难过好。

我想分开，又觉得自己很无力，就很纠结。

> **分析**
>
> 家庭冲突不应该用暴力的方式解决,暴力也解决不了问题,只会制造新的问题。
>
> 社会大众和传统心理学中,普遍存在的一个错误的认知是:责备家暴受害者,认为双方沟通与互动模式导致了暴力,甚至有一些关于"受虐狂"的说法认为女性是享受暴力的,这更加为加害人逃避责任提供了借口。

咨询要点

1. 我理解您的艰难处境,以及对未来的困扰。

2. 首先要澄清一些您对于家暴的迷思。您觉得自己出轨了,所以"理亏"。您因何出轨,如何理解您的出轨,我们可以后面再讨论。有一点您要明确:任何原因都不可以成为家庭暴力的借口,受暴者不应该受到谴责,无论您出轨,还是犯了其他的"错",都不应该被家暴。您也提到,在您出轨之前,丈夫便对您有过暴力行为,可见他将暴力行为正常化了。出轨,只是他暴力升级的一个借口。所以,您面对暴力不需要"理亏",您更不是"活该"被打。当您因为受暴报警或申请离婚的时候,您前面的"出轨"都不会减轻他对您施暴要承担的责任。

3. 家庭暴力本质上是权力和控制,您的丈夫正以暴力控制您。家庭暴力的表现形式有肢体暴力、精神暴力、性暴力、行为控制、经济控制。从您的自述看,丈夫至少对您采取了三种暴力形式：肢体暴力、精神暴力、行为控制。

4. 施暴者要改变，必须本人有强烈的改变愿望，并且要经过长时期专业的心理辅导。从您的自述看，目前您的丈夫没有寻求改变的意愿。所以，指望他放弃暴力，是不太可能的。家庭暴力的另外一些特点，如长期性、持续性、循环性等，也注定了您如果不采取强有力的行动，暴力还将长期持续。

5. 我们需要对您经历的暴力等级进行评估。从自述看不属于危及生命的高危暴力，但要警惕暴力的升级。

6. 我们强调对暴力"零容忍"，但不等于一定要离婚，您现在到另外一座城市生活，其实也是远离暴力、对暴力不再容忍的一种措施。那么，面对他强烈要求您回家，您何去何从，需要您结合上面的分析，进行判断和选择。

7. 您没有提到自己的职业，您是家庭主妇吗？您有经济来源吗？您有哪些能力和爱好？家暴受害人在考虑婚姻的存续时，一项重要的工作是找到自己内在的力量，挖掘自己的资源，看到自己如果离婚将如何安排生活。只有这样，才能找到处理暴力关系的力量。

8. 如果您决定不走出婚姻，那就要制订安全计划，以免自己在下一次暴力到来时受伤。如果您要走出婚姻，建议充分了解《中华人民共和国反家庭暴力法》，将法律用全、用透，充分利用法律保障自己的权益。

案例 12

我动手打了妻子，她不原谅我

来访者：男性，30 岁

自述

我和妻子是大学同学，感情很好，毕业后都考上了公务员，然后就结婚了，现在已经结婚五年。

我脾气不好，容易着急，她性格很倔，这几年我们总吵架。比如我有一个计划，非常好，和妻子说，她却会没有理由地反对。我会解释这个计划的好处，但问她为什么反对，她也不说，就是说"不行""绝对不行"，很坚决。因为她那态度，我非常生气，控制不住自己的脾气，就跟她大吵。

两三个月之前，又是因为类似的事情，我气急了，动手打了她。我力气很大，导致她的胳膊红肿了。我过后就后悔了，向她道歉，但这件事留给了她很大的心理阴影，她一直不原谅我。这之后我们还会吵架，但我克制住了自己，没有再动手。

我认真道过歉了，也想沟通，但她总说，我对她动过手了，再说什么也没用了。最近这半年，我们一吵架就说要离婚，彼此都说要离婚，但又舍不得，毕竟还是有感情的。

我这个人比较敏感，可能是不自信，有点自卑吧。别人说什么，我都会联想。如果是不高兴的时候，妻子说了什么，我就会以为有什么原因，会想得比较多。

我们的沟通确实有问题。我现在的问题是，我控制不了自己的情绪，是不是有心理疾病？我该如何与妻子沟通，我不想离婚。

还有一个问题，我工作上不是很顺。我是农村出来的，全靠自己。我觉得自己挺有理想的，也很热爱现在的工作，想把事情做好，希望得到领导的赏识，被重用、提升，有更多施展才能的机会。但我没有任何背景，性格和现在官场上的风气也不协调，很多做法看不惯，无法融入这个圈子。

我想过随波逐流，但做不到，挺矛盾的，心情很郁闷。特别是近一年来，也可能是因为这个和妻子吵架。我妻子倒没有因为我不能升职而埋怨我，只是说，让我不要做梦了，不要太幻想往上面升，接受现实。

我遇到事，总想要个结果。如果得不到结果，就会急躁。我可能有完美主义倾向，无法接受不确定的事和状态，凡事要求十全十美。在和妻子争执的时候，也想要个结果，受不了她不说话、回避的态度。

分析 愿意来咨询的男性非常少，主动来咨询的家庭暴力加害人更少。他们通常有一个共同的特点：面对离婚的风险，不想离婚。无论如何，主动咨询就是改变的第一步。

咨询要点

1. 您能够来咨询，真是太了不起了。我非常欣赏您勇于挑战自己、改变施暴行为的意愿，只有极少数有施暴行为的人愿意做这件事。

2. 我理解您的内心感受，您觉得打妻子这事，妻子也有原因，您是"被逼打人"，又认真道歉了，现在她抓住不放让您觉得有些过分。但我想说的是，我虽然理解您的感受，但完全不同意您的看法。暴力没有任何理由和借口，暴力也不是伴侣双方沟通不良的问题，家庭暴力的本质是权力和控制，是加害人试图实现对受害人的控制。您对妻子的不满，以及施暴的根本原因，是想让妻子按您的意愿做，这就是控制。我更是坚决反对您的暴力行为，但是，我还是非常愿意帮助您一起处理现在面对的问题。

3. 我想邀请您鉴别一下，您在成长过程中接受了哪些关于男性性别身份的信息，您是如何被这些信息期待的？这些信息可以是言语的，也可以是通过非言语的方式传递的。很显然，您深受支配型男性气质的影响，希望官场"成功"，自己在家庭中也说一不二。

4. 我们一起来识别前述这些关于男人的信息带给您的积极影响，以及消极影响。从自述看，您拥有上进心，这似乎是积极的影响。消极影响是，您追求自己达不到的职位，正在加剧您在职场中的烦恼。无法在体制内晋升，让您陷入自卑，表现为有强烈的控制欲，过度负责，无法信任他人，从而陷入支配型男性气质的焦虑中。职场处境和男性气质焦虑进一步加剧了您的自卑，从而让您更渴望在家庭中进行控制，要求妻子顺从您的计划。您还认为妻子应该服从您的决定，面对妻子的"不顺从"感到气恼，这也是您对控制失败的懊恼，进而施暴，最终婚姻面临危机，这都是消极影响。在这个阶段,您应该已经看到支配型男性气质对男人的伤害了。

5. 您提到,您和妻子的冲突多是因为妻子"没理由反对"您的计划,也不说明理由。这其实正是被您内化了的男性控制信息的影响。我想请您详细介绍几次冲突,看看这些冲突是如何一步步开始和演化的。这一过程,能帮助您澄清认识。没有人会没理由地反对一件事情,妻子如果真的拒绝说反对的理由也一定是有原因的。在和您探讨事件的过程中,很可能会发现真相是这样的:您提出一个方案,自我认为是好的,而妻子认为是不好的,妻子提出了反对的理由,但您认为那根本就不是理由,是站不住脚的,所以会认为妻子"没有理由",进而坚持自己的决定。而妻子发现,无论自己如何阐释理由,您都完全听不进去,认为她完全没道理,不会认真听自己的意见。结果是,久而久之,妻子发现无论她说什么也没用,所以就拒绝再解释;或者妻子解释了,但您不信服,就认为妻子没有给出"正当理由"。事件的实质是,按着您内化了的价值观,您是要控制妻子,让妻子服从您制定的"规则",按您的要求办。当妻子反对时,您就会觉得妻子破坏了这个"规则",从而非常气恼。这也符合家庭暴力加害人的一个很重要的特点,即加害人通常对受害人有敌意的负向感受,特别是当"规则"被破坏时。

6. 同样被您内化的,还有一些关于家庭暴力的错误观念。您说"控制不了情绪",我想问您:是否对上司有过发火、打骂呢?为什么只是对家人控制不住?所谓"控制不住"其实是借口,您当然可以控制住,这半年吵架时没有动手,不就是克制住了吗？不要假借"心理疾病"为自己开脱。家庭暴力具有循环性的特点，妻子没有轻易原谅您那次肢体暴力是正确的，太轻易的谅解，会鼓励您陷入"施暴—认错—原谅—再施暴"的周期循环中。

7. 我愿意帮助您探索那些被您内化的信息，哪些是您想要抛弃的，哪些是您想保留的。您显然应该放弃对伴侣的控制、对官场成功的执着、对家暴的迷思。虽然这并不容易，但可以是我们努力的方向。

8. 如果您已经确定要放弃过去的自己，我可以帮助您做出计划来实行改变。这个计划可以是把目标分解成一个个小计划的，比如放弃家暴的迷思看起来最容易做到，然后是放弃对伴侣的控制，最终转变支配型男性气质。官场失意可能并非您没有能力，而是个性不适合官场，也许您可以从其他方面找到自身的价值感。更重要的是，认真地做自己喜欢、让自己快乐的事，就非常好了。希望您跳出来，重新审视自己的职业规划。

9. 我愿意帮助和支持您践行改变的计划，应对您改变中可能遇到的各种问题。我们一起来挖掘您伴侣关系中的良性因素，以及自身正向、积极的力量，比如您渴望改善伴侣关系、放弃暴力，有上进心，这非常好。

10. 您提到了自己的低自尊。我想和您探讨：自尊来自哪里？自尊通常来自重要感、能力感、品德感、权力感。官场失意，或能使您的重要感、权力感受损，但您不应该通过控制伴侣找回权力感，而应该在能力、品德等方面促进自尊。

11. 您具有家庭暴力加害人的一些常见特点，比如自卑、好猜忌、控制欲强等。希望这次咨询有助于您认清自己,从而开始改变。您像几乎所有家暴加害人一样,面临几个能力的欠缺:自我肯定的能力、处理批评的能力、调节冲突的能力、处理情绪的能力。我建议您不断学习、成长,认真尊重、倾听伴侣的想法,而不是急于让她接受自己的想法;鼓励回避冲突发生的高危情境,建立一个适合两人的沟通模式;学习和伴侣的沟通技巧;等等。

12. 此外,我们可以做一些自我肯定的技术训练。您自信的部分是什么?什么事情你是可以做好的?你做好这些事情是因为什么?这些成功的经验有没有可能再次复制,并不断复制,在其他的事情上也能够做好?这是一个不断尝试和累积自信的过程,这对于您可能也是重要的,发现在控制妻子以外的事情上可以找到更多的价值感,可能对于妻子的控制和关注也会有所缓解。

案例 13

婆婆整天吵吵闹闹，快把我们的婚姻毁了

来访者：女性，40 岁

自述

我和我的爱人是大学同学，现在在同一个单位当医生。马上就到了我们的第八个结婚纪念日，可我感觉我们的婚姻已走到了尽头，我们之间埋藏着许多定时炸弹，可是为了还不到两岁的孩子，我们勉强维持着婚姻。

我们之间最主要的矛盾，是双方家庭成员间的矛盾。我们都出生于农村，幼时家境贫寒。他父亲懦弱无能，从不为家里的事情操心。他母亲操持家务，性格暴躁。我爱人排行老大，其下还有一弟一妹。他读书是靠亲戚的帮助，加上贷款完成的。我爸爸和妈妈都是普通的农民。

我婆婆有支气管炎，经常在与弟媳、公公吵架后发病，发病后家里没人管，弟媳叫她吃毒药毒死，公公叫她上吊吊死。他们吵了架，都找我们解决。因为我们单位离家远，一年中这样折腾几次我们都受不起，决定把他母亲接过来与我们同住。自从婆婆来以后，矛盾也由此产生。

我婆婆在农村跟人吵架惯了，什么事做得不好都觉得是别人的错，经常觉得我们嫌弃她。她不考虑我们在单位的影响，一有

不顺心的事，就哭鼻子掉眼泪，甚至到家属院里向别人哭诉，到单位里见人就哭诉。我和我爱人来到这个单位才不久，因为小有才气，本来很让人尊敬，我婆婆这么一闹，搞得我们很难堪。

我和父母的电话婆婆也偷听，还添油加醋地讲给我爱人听，我和我爱人经常因此吵架，导致彼此都痛恨对方的家人。因为我们本来不富，都猜想对方会把钱送回老家，经济管理上达不成共识，现在我们的收入各自支配。

我不想再和婆婆长期在一起生活，跟我爱人一说到这个问题，他马上跟我反目，我们甚至计划离婚。婆婆的去向成了我们的心病。

我工作上也受到很大的影响，科里安排工作的时候总会考虑到我"热闹"的家庭。我是一个妇产科医生，技术本来不错，有时很担心手术时出事。

我的确想过离婚，但受害最大的是孩子，孩子是无辜的，无论离婚后孩子跟谁，都不会像现在这样有亲生父母在身边爱她、疼她。再说我们同在一个单位，低头不见抬头见，人言可畏。这些都成了离婚的障碍。

如果不离婚，我也没法给孩子一个好的家庭氛围，一个滋养心智健康成长的家。心理学家说，如果一个人从小在充满吵闹打架的家庭中生活，长大后会多疑、孤僻、不合群、不善与人交流和沟通，会认为夫妻之间没有温存和关爱是自然的，互相厌恶和离弃也是自然的。我婆婆和我爱人意识不到这一点，经常在孩子面前毫无遮拦地吵架。每一次发生这样的事情后，我都非常痛心，我想彻底终止这样的生活。

老师，我是否应该离婚？还是应该继续忍耐他的母亲，长期这样勉强地生活？

> **分析**　中国传统的农耕社会向往不同代际人居住在一起的大家庭形式，这在现代工业社会已经成为个人家庭幸福和社会发展的阻碍了。现代社会最理想的家庭模式是核心家庭，即父母与未婚子女共同居住的家庭。本案例便是居住方式导致代际冲突变得激烈的例子。

咨询要点

1. 我理解您的艰难处境。婆媳矛盾已经够让您烦心的了，和丈夫的关系又因此受了影响。摆脱和婆婆一起的生活，对您来说并不是过分的要求，但这个要求现在实现不了。您感觉婚姻已经走到尽头了？

2. 我想先了解一下您与丈夫及其他家庭成员间的沟通模式、相处模式，特别是要了解您丈夫是怎样看待双方家庭成员矛盾的？是否曾经尝试做过改变的努力？而没有改变的原因在哪里？这将有助于我们理解整个事件。

3. 建议您先用"婚姻五功能自我评估技术"对自己的婚姻进行一下评估。婆媳关系这部分，我通常将之归入五功能的"扩大社会联结"这一功能中。好的联结，会给双方带来资源，促进他们的成长；而不好的联结，比如您生活中的这份婆媳矛盾，就会中伤伴侣间的关系，甚至耗尽婚姻中的温情。您现在就处于这样的危险中。但是，婚姻还有另外四项功能：性生活的固定配对、情感、经济互助、共同养育孩子。您看一下，这四项功能如何？另外，您更看重哪些功能？这样，您就可以评估出目前婚姻的质量，以及是否要存续了。

4. 从您的自述中，我看到的是，你们婚姻中其他功能可能并没有太大问题，但因为婆婆的存在，情感功能、经济互助功能，都受损了。我怀疑性功能也会因此受损。您也注意到家庭中暴力气氛的存在对孩子成长造成的负面影响，所以看起来"共同养育孩子"这个功能也面临危机（您关于家庭环境影响孩子成长的观点是正确的）。我想，您考虑离婚，可能就是因为看到了婚姻的千疮百孔，似乎毫无价值了吧。所以，您问我是否应该对婆婆继续忍耐，我想您已经找到答案，即无法再忍耐了，必须解决。解决了，婚姻中的各项功能还有希望恢复；不解决，婚姻所有功能全部坏损，同样要离婚的。

5. 不再容忍婆婆，那就要看看，有哪些可以解决问题的选项，并且评估一下每种选项的可行性。建议您列出来各种可能的选项。这些可能包括：送婆婆回家；送婆婆到您家近处的养老院；给婆婆制定各种规则，让她遵守规则；尽可能隔绝您和婆婆接触的机会；您带着孩子搬出去住……使劲儿想，穷尽一切可能的选项。有些选项可能需要您付出一些代价，比如送养老院可能要花钱，送回家可能被指责为"不孝"，您可以先行评估得失。您可能会发现，任何一个选项的实施，都必须得到您丈夫的认可，有他的支持，才有可能。但是，现在看起来他不支持您改变现状。

6. 您也需要换位思考，理解丈夫现在的两难处境，站在他的角度思考每个选项的困难所在，一定要帮助他找出解决困难的方法。可以和丈夫探讨，丈夫对于婆婆不断和儿媳妇发生冲突的看法是什么，在这样的关系的来回搅拌当中，丈夫的痛点是什么。丈夫想做孝子不假，这个过程中孝子也忍受了很多痛苦，这个痛苦也许是下一步探讨的一个撬动点。首先，我们相信他也想要平静、幸福的家庭生活，您婆婆的做法也给他带来了伤害；其次，我们知道他要当一个"孝子"，他对自己的妈妈有责任，不能将她推到门外。在对丈夫充分理解之后，与他进行良性的沟通，让他感受到您的所有考虑，都是为了家庭的幸福，也为了他的幸福，同时也为了婆婆的健康平安。毕竟，如果总处于冲突的家庭环境中，任何人都是不可能健康平安的。然后，你们一起思考各种选项，看是否可以找到一个多赢的选择。

7. 可以坦然地给您丈夫普及的一个知识：家庭研究的专家都有共识，现代社会中核心家庭的生活模式才是最有助于每位家庭成员的。所谓核心家庭，就是父母和未结婚的孩子生活在一起的家庭。也就是说，婆婆不属于你们这个核心家庭的成员。分开住，对所有人都更好。

8. 这个交流过程，需要彼此放下成见，改变交流方式，正向思维，正向思考，良性沟通。为了孩子和家庭的幸福，共同努力。如果有必要，要在沟通前先学习沟通的技巧，不要让情绪支配彼此。

9. 如果所有的努力都没有用，您再考虑离婚也不迟。这时，也要对离婚后的各种可能性进行充分评估，慎重选择。在离婚时，您也要勇于维护自己的权益。您提到人言可畏，这成了您离婚的障碍，千万不要有这样的逻辑。结婚和离婚都是为了自己的幸福，与他人无关，不应该让离婚污名化。

10. 另外我想说的是，您也可以从女性的角度来尝试理解一下您的婆婆。您说自己的公公懦弱无能，从不为家里的事情操心，都是您婆婆操持家务，在家境贫寒的情况下，含辛茹苦地带大三个孩子，这个过程特别不容易。您的公公又不能理解支持她，吵架后还叫她上吊吊死，弟媳叫她吃毒药毒死，这对她都构成了家庭暴力。而且您婆婆有支气管炎，发病后在老家没人管，这是不是又对老人构成了虐待。如果你们都不收留她，看来她只有死路一条了。还好，您和丈夫都是受过高等教育的，良心和道德让你们对婆婆不能置之不理，而且你们作为长兄长嫂也为弟弟妹妹们做出了榜样，这一点践行中华民族的传统美德真的不错。

11. 有人说，儿媳妇就是婆婆和老公之间的小三。婆婆比你先认识你老公，比你为他付出更多，所以婆婆应该享有优先权。婆媳关系的润滑剂就是老公和孩子。婆婆也许听不进去儿媳妇的意见，但是儿子和孙女是她的血脉亲人，他们的意见婆婆更容易接受，也许您可以从这方面突破一下。

案例 14

婆婆坚持不让我女儿上幼儿园

来访者：女性，30 岁

自述

我和婆婆的矛盾，集中在女儿是否应该上幼儿园上。

我们夫妻在城里上班，很忙很紧张。我的女儿长期和爷爷奶奶一起在城郊的小区里。每到周末，我们小夫妻去城郊，才能和女儿一起生活两天。

我和婆婆之间，虽然也如天下几乎所有的婆媳一样有一些大大小小的矛盾，但我比较能忍让，所以彼此没有红过脸。

如今，女儿三岁了。我计划将女儿接到城里来，在单位附近找一所幼儿园上学，每天自己接送。这样女儿可以学习与人交往的能力，也能学到一些知识，而如果只是和爷爷奶奶在家待着，这些都难以得到。

我提出这个计划时，却意外地受到了公公婆婆的强烈反对。特别是婆婆，提出一堆反对的理由，比如：幼儿园的饮食不可能像家里这么好；我们夫妻每天晚上接孩子，工作会受到影响；孩子太小，会受委屈；等等。针对我关于幼儿园生活有助于孩子成长的观点，婆婆反驳说："我儿子小时就没上过幼儿园，不是也大学毕业了？"

老公本来也是认为孩子应该上幼儿园的，但是，父母一反对，他就没有主意了，他不敢反对父母的意见。

我表明了我的态度：一定要让孩子上幼儿园。我知道说服他们的希望很渺茫，他们不通情理，对孩子只有溺爱。我甚至感觉现在这种状况好象变质了，好像已经变成了看谁厉害的一种针锋相对的战争。

我还不知道他们给孩子灌输了什么思想，孩子长期跟他们生活，我们每周末休息才回去看她，她和我们的关系也就必然没有跟爷爷奶奶亲。

我老公说他保持中立，他不管这事，其实我觉得他这种做法是很不负责的。他是孩子的父亲，他要为孩子着想，但是我知道他不敢得罪他妈。

我来咨询，是想知道有什么办法，可以让婆婆同意我女儿上幼儿园？

分析 两代人不同生活方式和价值观的冲突。

咨询要点

1. 我完全理解您的感受。您对婆婆有气愤，对老公有不满、有委屈，还对孩子不能及时上幼儿园感到焦虑，甚至担心亲子关系疏远，渴望被婆家尊重，等等。您提到很长时间以来一直能够处理好和婆婆的关系，这非常不容易，说明您是有智慧的，这次也可以用智慧处理好。在孩子接受教育这件事情上，您又表现了足够的坚持，我认为这也是必要的。您也一定了解，婆媳矛盾是非常常见的家庭冲突，您不孤单，所以我们一起来讨论解决问题的方法，您不用太沮丧。不要对孩子"不和您亲"过于焦虑，随着接触的增多，这是会改变的。

2. 孩子的养育责任首先在父母身上，祖父母不应该越俎代庖。祖父母帮助儿女带孩子，但两代人之间也应该有清楚的权利和界限。您现在争取让女儿上幼儿园的行为，实际上也是在捍卫作为母亲的抚养权。

3. 虽然您听了可能不开心，但我还是想先提醒您：事情走到现在，您也要看到自己的责任。您提到因为工作忙，便将孩子放到公婆那里，每周末才去一次。教育孩子、带孩子，本来就是父母的责任，您请老人带孩子，必然会影响您和孩子的亲子关系，失去一些亲职的利益。当初让老人带孩子，放弃了父母的一些权力，所以老人今天才会过多干涉。已经形成的格局，改变起来不容易。当初是您和丈夫请公婆帮忙带孩子的，所以对于现在的后果您不能把责任都推给婆婆。而且，是否也需要感谢公婆这么多年帮助带孩子的辛苦？如果您可以对公婆充分地共情和尊重，相信会更好地让双方的观点接近。

4. 考虑这件事时，您不能只从孩子和您自身的角度考虑问题，也应从婆婆公公的角度考虑问题。比如，他们习惯了和孩子在一起，一旦分开可能比较难适应；但这同时也可以减轻他们的负担，让他们更好地享受自己的晚年生活；等等。在做了这样充分的考虑之后，再和婆婆沟通。比如针对难以适应没有孙女的生活，可以强调每个周末都让孩子和他们一起过。同时可以激发他们安排自己晚年生活的兴趣，比如考虑您出钱给他们安排一次外出旅游。

5. 婆媳冲突中，最重要的角色是您的丈夫。他现在说"中立"，是非常不负责任的行为。在这件事上，丈夫有义务支持您，也必须支持您。除了害怕和自己的父母产生冲突，丈夫是否还有别的原因使他选择"中立"？一个人选择回避可能的原因不会只有一个，丈夫的行为模式也许值得关注。这个问题不处理，以后的很多问题丈夫也会用这个方法去解决，矛盾就会不断累积。

6. 首先您要和丈夫达成一致。反思一下您和丈夫的沟通方式，双方是否是平等的、良性的、非暴力的沟通。一定要注意沟通方式，避免你们双方先吵起来。和您的丈夫进行良性沟通，理解他不敢挑战母亲权威的心理，帮助他理解孩子成长过程中，更应该和父母在一起，而不是和隔代长辈在一起。让他充分认识孩子上幼儿园的重要意义：让孩子接受专业的教育、促进人际互动、增进社会化、密切亲子关系，等等。然后再由丈夫出面去做婆婆的工作，您尽量避免和婆婆直接产生冲突。

7. 建议您坚定地相信婆婆也是为了孩子好，你们都爱孩子，所以你们的利益和意愿是一致的。无论婆婆是否听、是否理解，都要鼓励您丈夫出面坚持不懈地做说服和解释工作。

8. 在这个过程中，千万不要忽视孩子的意愿和权利。虽然孩子很小，但也是有权利的。您是否问过孩子是否愿意上幼儿园。我想，孩子长期和爷爷奶奶在一起，也会依赖他们，而且绝大多数孩子一开始都会对上幼儿园有排斥。我这样说，意思不是放弃上幼儿园，而是提醒您一定要处理好孩子的情感，积极正向地引导，激发她对幼儿园的好奇和兴趣。如果孩子很不情愿地被强行送进幼儿园,她的心理健康也会受影响,您后面要处理的麻烦便会不少。

9. 所有家庭成员都应该认识到:家庭的冲突对孩子的成长非常不利。理想的目标一定是:孩子既上了幼儿园,全体家人之间又和谐包容。所以,为了你们共同的目标,孩子幸福健康地成长,需要你们彼此放下分歧,寻找共同点,必要的时候彼此妥协,达成共识。

3

有些分手就是救赎

出轨与离婚咨询案例

当今社会，出轨、离婚越来越常见，对一夫一妻制度构成冲击。社会性别意识在思考婚姻困境时同样重要。"婚姻五功能自我评估技术"可以帮助处于婚姻困境中的当事人更清晰地看清自己婚姻的价值。许多时候，离婚不应该被看作人生的失败，反而可以看作美好生活的重启。

案例 1

我把一生献给家庭，老公却出轨了

来访者：女性，42 岁，大学毕业，某公司职员。

自述

我成长于一个干部家庭，有一个姐姐，一个哥哥，从读书到工作一直比较顺利，24 岁经自由恋爱认识现在的丈夫。由于丈夫是农村人，家庭经济条件较差，家中曾激烈反对我们来往，但我仍然坚持与其结婚，婚后育有一子，儿子现在 15 岁。我们目前家庭经济状况较好。

两个月前，我在我丈夫的手机上发现了一条很暧昧的短信，我打回过去发现接电话的是个女人。我问丈夫怎么回事，是不是和那女人有不正当关系，他不承认。因此事我与他大吵了一架，心情烦躁得很。

当年我不惜与家里闹翻也要和他结婚，婚后我把全部精力都放到家庭中，做家务、养孩子、照顾他，他什么家务都不做。现在我老了，他却到外面找别的女人。这事害得我白天提不起精神，晚上也睡不着，不想吃也不想喝，又不想别人知道这事，怕外人知道后说三道四，白天上班还得装没事一样，特别难受。我又容易急躁，常常为一点小事就控制不住想发火，后来我干脆不说话，不搭理别人，情绪反复无常，自己管不了自己。

我的同事有时开玩笑说我是不是到更年期了，其实我是有苦说不出来。后来姐姐知道了这事劝我:"都过了半辈子了,算了。"

我怎么都咽不下这口气,心里难受,听说心理咨询有用,所以我找咨询师做了咨询。

那个咨询师用的是什么认知行为疗法,说是要改变我的不良认知,就可以帮助我消除不良情绪。咨询师说我的心理问题真正原因是我本身对事情的完美要求和不合理的认识。比如,一条短信证明不了我老公有外遇;生活中一定会有挫折和不顺,不要遇到一次挫折就承受不了。咨询师让我对丈夫表达些宽容和爱,同时写日记,将自己和丈夫以往生活中快乐的事情、丈夫的优点和长处等写下来。咨询师说,婚姻中出现矛盾,不管出于什么原因,双方对此都应该负有责任,在爱情和婚姻中需要宽恕与容忍。

做了几次咨询,都没有帮助。所以,我就找您来了。

分析

1. 女性将婚姻家庭视为人生中最重要的价值,当遇到婚姻危机时便感到更加无助。

2. 来访者此前已经找其他咨询师进行过咨询,而那个咨询师的咨询中存在很多问题。对于丈夫是否出轨,如果出轨,来访者应该如何对待,咨询师并不关心。咨询师做的只是让来访者相信,自己认为丈夫出轨的想法可能是错的,即使出轨了,也很正常,生活本来就是不完美的。这种被引导下的"认知"改变,无助于真正解决来访者的问题,至多能暂时缓解心理压力,长远看会加重来访者的心理反应。咨询师没有真正站在来访者内心的处境思考和处理问题,也没有

> 帮助来访者认识到性别体制的伤害。原本是受害者的女人，在这样的咨询中似乎变成了责任者，要为自己的表现受到责难。这其实已经构成对来访者的二次伤害。所以在新的咨询中，一定要清除前期咨询的误导。

咨询要点

1. 您当年那么勇敢地抗拒父母的反对，和他走入婚姻，婚后又一直做"贤妻良母"，现在面对他的出轨，您很受伤，很痛苦，对此，我非常理解。

2. 您前面接触的那个咨询师，引导您走向自责，让您接受"我的认识错了"，这种做法是不对的。我相信您对自己生活处境的判断。"生活不是尽善尽美"的态度，是一种面对威胁和伤害时采取的退缩态度，我不鼓励您持这样的态度。

3. 现在，我们先一起回想一下，在您的生命中，是在何时、如何接受了那些关于女性、婚姻的信息，这些信息是如何被接受甚至内化的。您提到自己在婚姻中一直奉献，照顾丈夫和孩子，许多女性的人生都是这样度过的，婚姻被她们看作生命中最重要的价值，仿佛婚姻好，一切都好。这些信息带给她们的积极影响和消极影响有哪些？从您前面的讲述中，我看到一些这样的影响，如：不顾家人反对追求爱情，无法容忍丈夫的出轨，等等。

4. 社会文化将女性建构在弱于男性的"第二性"地位，它强调爱情和婚姻对于女性是最重要的。正是在这种文化的影响下，您坚决地和丈夫结婚，又因为丈夫可能的出轨陷入婚姻危机。这种不平等也使得女性将自己的人生幸福赌在婚姻幸福上，加剧了其面临婚姻危机时的痛楚。您现在的痛苦，其实是社会性别文化造成的，是女性常见的问题，"个人的即政治的"。但是，大多数男性并不会把婚姻当作人生中最重要的价值。

5. 我们一起来思考一下：您对丈夫出轨出现强烈心理反应的原因是什么？是愤怒于被背叛，还是担心被抛弃、"被离婚"，甚至对自己未来生活的担忧，或者这些因素都存在？

6. 您在家庭中与丈夫的权力关系是怎样的，是否是平等的？从前面讲述可以看出，是不平等的。不平等的权力关系加剧了您面对丈夫可能出轨时的无助感。

7. 您现在的情绪反应，是面对丈夫可能出轨的正常反应，您没有心理健康的问题，也不存在不合理的认知、对生活有完美要求的问题。前面的咨询师强化了您的自我责难，这是不对的。

8. 对于您的"情绪反复无常"，您讲到您有担心、自责，有内疚，努力压抑等。我则建议：您应该正视和接纳自己的这些情绪。女人总被要求温柔、贤惠、优雅，从小被训练去压抑表达情绪。但这些情绪都是您真实的情绪，面对被伤害的感觉，您可以愤怒，可以急躁，可以自由地表达情绪，这才是正常的。不要再压抑自己，更不要觉得自己"不健康"。

9. 女性在生命中也有很多其他的价值，婚姻和家庭只是我们生命中的一部分。推荐您看同样表现女性经历丈夫出轨最终活出自我的电影，如《弗里达》。我还会推荐您相关的小说、人物传记。

10. 女人生命的价值、女人人生幸福和快乐的保障,不在男人那里,更不只在家庭之中,主要是在自己的手里。您要检讨一下:自己在家庭生活中是否一直在牺牲自己为丈夫服务,牺牲自己为家庭奉献。如果是这样,就应该改变。因为正是这样的牺牲和奉献,使得许多女人面对丈夫出轨时受伤更大,因为她们手中没有留下任何属于自己的东西,她们一直在充当别人的服务者、照顾者。

11. 我们不再停留于丈夫出轨这件事本身了,我们一起来看看您未来的人生价值所在。我请您回忆一下,您有哪些成功、正向的经验,向我分享一些您的职场故事、专业价值。相信在这个过程中,您可以看到自己在家庭之外的角色和优势,认识到自己的价值不仅存在于婚姻中,还存在于丈夫的"专宠"中。

12. 我们一起规划一下未来的生活吧。无论您今年多大年龄了,无论您处于怎样的人生状态中,只要您从现在觉醒,从现在努力,就还不晚。无论丈夫是否真的出轨了,一个自强、自尊、自立的女人,拥有自己人生和事业追求的女人,一定可以找到自己的快乐和幸福。面对配偶出轨的时候,您也会更加坚强和自信。您姐姐说的"都过了半辈子了,算了",也是一种悲观的心态,无助于您真正走出困境。事实上,您还很年轻,您还有很长的路,您完全可以主宰自己未来的生活。

13. 在完成所有这些心理工作之后,您再重新思考丈夫可能出轨的事件,重新审视婚姻,评估婚姻的五功能,看看您的婚姻到底有多少挽留的价值,婚姻整体的质量如何;重新思考如何同丈夫沟通，如何处理眼前的困境。无论您选择怎样的处理方式，我都尊重您的选择。重要的是，此时您的选择，不再是基于被抛弃感、不安全感之上的选择，而是基于平等、自信、自尊之上的选择。

案例 2

老公想要"家里红旗不倒，外面彩旗飘飘"

来访者：女性，40 岁。

自述

  我虽谈不上美丽依旧，但仍丰姿绰约、干净利落。家中有一个上初中的女儿，一个还算能干的丈夫，双方父母也都身体健康，我们不愁吃穿，还新买了房子，日子平平安安，诸事也算顺心。我想，应该算到了苦尽甘来，可以稍微松口气的时候了。

  但是，在半年前我去丈夫办公室取东西时，意外发现丈夫还有其他的秘密。

  那次丈夫出差，我替他取过节礼品，顺便帮他整理一下办公桌，没想到却整理出丈夫的 20 万元小金库和他与若干女青年的情书、亲密照片——这真让我大惊失色！我和他结婚已有十余年，他虽说至今只是一个不大不小的经理，但也威风十足、价值尽显。为了他达到今天的成就，我从不让他为家人、家事分心受累，当初公婆生病住院，是我端屎端尿侍奉床前，只为他能全部精力投入职称考试。孩子的事更不用他挂念，从小到大全部由我一人包办。虽说我在事业上没什么要求，但也知道男人不喜黄脸婆，所以我还是很会梳妆打扮的……自认为相夫教子表现甚佳，没想到他还是会在外面拈花惹草。这件事对我打击太大了！我不仅丧失了自信，也丧失了对他的信任，我怀疑过去所做的一切是否值得。

闺密劝我，现在这样"家里红旗不倒，外面彩旗飘飘"的男人太多太多，他没有把这件事向我挑明就说明他还顾及这个家庭，他真要一走了之，我又能如何？她提醒我，如果离婚，我带个孩子再嫁将会十分困难，而我的生活质量也会因缺乏经济来源大幅下降。她建议我就当这件事没有发生，我该做什么继续做什么，该享受的权利一分也不要丢掉。

道理我明白，可是我的心已不似从前。过去我做家事心甘情愿，现在我真的是痛苦万分；过去他说话一言九鼎，现在我总是忍不住冷嘲热讽；过去我视他拥我抱我为享受，现在他碰我一下，我就浑身起鸡皮疙瘩……我知道我这是把他往外推，可是我实在做不到"就像没事人一样"。从情感上来讲，我不愿意再和他生活在一起；从理智上来讲，我不能把我的位置拱手相让，毕竟这样好的物质生活也是我血汗创造出来的，我已过不了一个人的陋室生活了。

我也曾想在外面彩旗飘飘，以达到心理平衡，但是40岁的女人谈何容易，而且那些男人也都不入我的眼。我也针对那些情书、照片和他谈过，他不承认有外遇（照片不过是出差的应景之作，情书是别人愿意写，他也拦不住），反而声讨我乱翻他的东西，自找痛苦。

是他做了对不起家庭、对不起我的事，怎么反落得我一身不是？这个麻烦是我自找的吗？我才40岁，未来还有至少40年，我该如何度过？

> **分析** 这是中年女性经常面对的婚姻困境,除了促进来访者提升自我价值之外,"婚姻五功能自我评估技术"的分析法非常适用。

咨询要点

1. 我理解您的感受,既无法对丈夫的出轨视而不见,又舍不得离开婚姻,处于两难的选择中。您现在对丈夫的态度是您所困扰的问题没有解决的情况下正常的表现,不必纠结。也许,您可以暂时先不考虑如何选择,而思考另外一些问题。

2. 您强调了自己在婚姻中的"贤妻良母"角色,照顾家庭,努力促进丈夫的职业成功。我想请您思考的是:您和丈夫在婚姻中的关系是平等的吗?您在婚姻中有哪些成长?在传统的性别文化建构下,婚姻、家庭似乎是女性人生的全部价值,女性在婚姻和家庭中要"相夫教子"。这种对女性社会性别角色的定位,无视了女性自身的成长需要,将女性视为丈夫、孩子的服务者。事实上,好的婚姻一定是双方平等的,一定也是能够促进女性个体成长的。我相信通过这些反思,有助于您重新思考自己在婚姻中的定位。

3. 您对未来的人生有什么规划,对自己的成长有什么计划?如果女性只满足于支持丈夫、照顾孩子,终有一天会遇到目前类似的处境。您可以思考一下自己有什么兴趣爱好,有什么未实现的理想,有什么可以进一步学习、成长的空间。总之,您要找到自身的价值、成长的空间，而不要把自己的价值全部放在婚姻和家庭中。

4. 我将人类学的婚姻五功能理论，借鉴到婚姻咨询中，非常有效。这五个功能是：性生活的固定配对；经济互助；共同扶养孩子；情感维系；扩大社会联结。您可以仔细想一想：这五个功能，在您心目中的分量分别有多重，也就是说，您更看重哪个功能，更不看重哪个功能。我想说的是，理想的婚姻当然是五个功能都非常好，但这也只是理想，我们不要对婚姻有过高的期望，几乎所有的婚姻，都是某一个或几个功能有破损的。但是，功能的好坏同样是变化的，此时受损的功能，未来也可能修复；此时完好的功能，未来同样可能破损。

5. 建议您拿出一张纸，列出这五功能，再列出您分别重视的分值，再逐一检视您婚姻中每个功能现在的状况。这样一番分析，您就会清楚：您婚姻中哪些功能坏损，坏损程度如何；哪些功能完好；您更看重哪些。于是，现在这个婚姻对您的价值就一目了然了。比如，您现在几乎可以肯定，"性生活的固定配对"这个功能坏了，那么其他功能呢？共同抚养孩子、经济互助，看来都没有问题；双方的感情，至少从您这面看已经受到影响，但还没有到彻底没有感情的地步，也就是说，"情感维系"的功能坏损程度不强。扩大社会联结，指的是通过婚姻建立更多的社会资源网络，或结交更多重要的人，您婚姻的这点功能如何呢？

6. 当您对婚姻功能做好评估，您可能就已经有了选择。我需要再次提醒您的是：没有婚姻是完美的，只有适合自己的婚姻。如果在您的心中，您看重的功能没有坏损，那即使有些功能坏损了，您事实上也难以走出婚姻。您在是否离婚之间徘徊，就是因为当您想到坏损的功能时，想离婚；当想到完好的功能时，又不舍得离婚。

7. 如果您决定留在婚姻中，那我们可以进一步去努力修复坏损的功能，比如解决丈夫出轨的问题。丈夫现在不承认自己出轨，不想面对，您单方面的努力无法彻底解决问题。但您已经让他了解了您的想法，如果他自己也看重现有婚姻的功能，他就会做出他认为适宜的、利益最大化的选择，来维护婚姻。在伴侣出轨这件事上，您所能做的非常有限。我不主张大吵大闹，更反对向"第三者"施压，使之成为女人对女人的伤害，这些都无助于解决问题，只会使问题更糟糕。

8. 如果您倾向于离婚，闺密给您列举出来的那些风险，也确实是需要考虑的。我这样说，并不是反对您离婚，而是您要对可能的风险做好准备。所谓"黄脸婆""再婚难"这些仍然是基于对女性的歧视和传统角色定位的，但面对现实的世界，我们也需要考虑如何应对。只有准备充分，才更可能坚定地走下去。当然，真正要勇敢面对那些风险，还有赖于您个人力量的增长，这也是为什么我在一开始，和您讨论您自己的价值所在、您自己的生活规划。事实上，您同时也要注意离婚带给您新生活的可能，比如：不用再照顾别人了，不用再处于情感困扰中了，可以重新开始新生活了。40岁真的没有那么无助与无奈，您绝对有机会重新开始！

9. 如果离婚，您还需要处理好女儿可能出现的各种问题，需要跟女儿理智地、开诚布公地讨论你们婚姻的问题，考虑孩子的想法和感受，帮助她应对可能出现的情况，但最重要的一点是：不能因为孩子的想法就做出牺牲。您能够独立、坚强地处理好自己的情感问题，这是给孩子最好的表率，对其将来获得良好的亲密关系至关重要。同时，婚姻是两个人的事情，必须有界限感，不该让孩子参与其中。让孩子知道，不管婚姻状况如何，都不影响父母对孩子的爱。

10. 如果您倾向于不离婚，我觉得您也要在婚姻中做出改变。建议您再次仔细阅读第2条、第3条，找到自己的独立价值和意义所在。这样，未来再遇到类似的情况——是的，未来还可能遇到，我不想对您粉饰太平——您将更有力量做出选择。

11. 从来没有一个处理婚姻问题的"万能选择"，如果有，那一定是您自己充分评估之后做出的选择。在这个选择的过程中，警惕社会文化加在女性身上的压迫，挖掘和发展自己的力量，成为更有力量的自己。

案例 3

面对公派出国机会,是否该"别夫弃子"?

来访者:女性,37 岁。

自述

我结婚十年,和丈夫同龄,有一个七岁的孩子。

我和丈夫都是企业高管。孩子两岁时,我有一次出国工作的机会,如果出去了,回来会得到更好的提升,但我考虑到孩子和丈夫没有去。

两年前我发现丈夫出轨了。丈夫说自己很在乎这个家庭,很爱我和孩子,承诺结束和情人的关系。但我发现,丈夫一直和那个女孩子藕断丝连。

我想离婚,但又担心对孩子有不好的影响,而且也有一些舍不得。丈夫也一再声称爱家庭。

现在又有出国工作的机会。我想是否出国工作,与丈夫分开三年,这样就可以把两人的关系想清楚一些。但是我又担心,一旦分开,丈夫一定更会出轨,更会找其他女人,就意味着婚姻无法维持了。如果出国,我会把孩子留给丈夫带。

目前丈夫不同意我出国。

我现在举棋不定,来咨询应该如何做。

> **分析** 职场的选择和婚姻中的问题，纠结在一起。表面是两回事，其实彼此制约。能否跳出习惯思维框架，找到一种"两全其美"的方案？

咨询要点

1. 我理解您现在的困境：您同时面临职业中的一次选择，以及婚姻中伴侣出轨的困境。您在寻找能够同时解决这两个问题的方案。

2. 我们一起来回想一下：五年前，您放弃出国，从而失去了工作中得到提升的机会，根本原因是什么？您已经提到，是"考虑到孩子和丈夫没有去"，所以，很显然，您是为了更好地承担传统文化中定义的妻职、母职，即扮演"贤妻良母"的角色。您当年的选择表面上看是个人的选择，其实是父权文化对女性的社会性别角色定义造成的，即女性的价值体现在家庭中，而不是职场中。您当年为了丈夫和孩子放弃个人职业发展的选择，其结果是否满足了您对家庭的期许？显然没有完全满足，因为丈夫出轨了。

3. 我们可以看一下，您是如何在成长过程中将性别信息内化的，这些信息又是如何影响到您的生活的。

4. 五年前的选择是内化的性别信息带给您的消极影响，您是否准备放弃这种影响？那意味着，为了职场的发展而放弃家庭中的"贤妻良母"角色。您准备好了吗？

5. 我们一起思考：对于一个女人来说，最大的人生价值是什么？只是婚姻和家庭吗？就您个人而言，职业中的价值有多么重要？您如今面临的仍然是在"贤妻良母"与个人成长之间的选择。

6. 目前您面对婚姻感到无力，这种无力感的背后是什么？在我看来，这是女性将婚姻的价值看得重于自身的价值时产生的无力感，也是女性无法对丈夫的忠诚实施影响的无力感。当您在亲密关系中处于无力状态的时候，需要思考社会文化下性别的运作，以及伴侣间性别权力的运作。

7. 我愿意带领您思考：要获得权力，您有哪些选择？首先，避免丈夫出轨，是否可以用"守在他身边"来实现？显然是实现不了的。那么，您还有什么其他选择？

8. 我们一起讨论各种可能的选择，分析利害。我希望您自己做出选择，无论这是什么样的选择，我都将尊重您的选择。但我想提醒您：前面为了女性的家庭角色牺牲职场角色的选择已经失败了，现在的这个选择应该是权力关系平等之下的选择。

9. 如果您最终不想为了个人职业发展离开丈夫几年，我也理解您的选择，那我们就一起讨论有没有别的选项，可以兼顾和丈夫、孩子在一起，同时又可以出国发展个人事业。有意思的一个现象是：现实生活中，很多男性因公出国的时候，配偶会暂时离开职场，和孩子一起陪他出国几年。为什么当女性需要因公出国的时候，通常会忽视这个选项呢？因为在家庭的传统性别关系中，女性是应该围着男人转的，"嫁鸡随鸡，嫁狗随狗"，而男性是不能够为了伴侣、孩子、家庭暂时放弃自己职业的。那么，您现在是否可以这样要求丈夫暂时放弃国内的职业,带着孩子出国陪伴您呢?这样一家人在一起,您也抓住了职业上升的最后机会。而丈夫将如何面对这个建议呢?这其实也是进一步检验你们婚姻的机会。

10. 我还是想和您一起挖掘您自身的优势和资源,您是作为一个职业女性,而且看起来是职场春风得意的女性,是完全可以不依赖他人的,是完全可以和丈夫平享权力的。这个意识提升的努力,不仅将有助于您现在做出平等的选择,也可以促进您更好地思考和丈夫之间的亲密关系。

案例 4

从父亲，到老公，我一直在受男人的压迫

来访者：女性，37 岁，中学教师

自述

我的童年时期，家里经济非常困难，父亲脾气暴躁，经常发怒，回到家里很难见到他笑。幸好，母亲对我非常呵护。

小学期间，我的学习成绩一直中等，偏偏我的父亲又是一个对孩子要求特别苛刻的人，他信奉一个原则：棍棒底下出孝子，不能给孩子好脸色。所以他从来没有向我表示过亲热。

我从小天天害怕被父亲打骂，小时候觉得父亲很强大，很想与父亲亲近，让父亲疼爱，可得不到，而且不小心就挨打。被打过之后，我十分害怕，害怕父亲以后不理我，甚至不要我了。

父亲的严厉让我越来越不活泼。有时候，我好想让父亲坐下来，靠在父亲身边撒撒娇，可是这种情况从来没有过。每当我考试不理想时，总免不了父亲的一顿暴打。我渐渐变得忧郁、内向。

青年期是我人生的转折点，我离家住校，不用担心父亲的责骂，心情日趋好转，学习变得投入。我发奋读书，以优异的成绩考入高中重点班，和同学们处得很好，从自卑走向自信。老师、同学的赞扬让我得到了很大的慰藉，我在青春期发育过程中开始变得自信，性格也渐渐开朗起来。

后来我顺利地考进了大学。大学里，我有意识地挑战自己内向的性格，参加了有关演讲、小品表演等活动，同学反应很好，我也更加开朗和自信。

但自小受到的教育和父亲的严厉仍深深地影响着我，内心深处很自卑。

大学毕业后，我被分配到一所中学教书，在朋友的介绍下，认识了现在的丈夫。丈夫在机关工作，很多同龄人羡慕我，我心里也常常有一种幸福感。然而，丈夫去年当了局长以后，晚上经常在外应酬不能回家，我内心的焦虑感开始慢慢滋生，心情变得忧郁。

让我备受煎熬的原因源于两件事：第一件是今年我听到关于丈夫与女同事有暧昧关系；第二件是一个月前无意在丈夫的手机上看到了一条短信，内容是"亲爱的，我想你了"。

我听到他与女同事有暧昧关系后，和他大闹了一场，我很伤心，后来也不了了之，还是害怕他离开我。本来事情都过去了，没想到又出了短信的事。当时我准备离婚，但又害怕再找一个男人还是这样。

我认识丈夫纯属偶然，但一见面，觉得他很体贴人，就这样稀里糊涂地结婚了。我觉得自己慢慢离不开他，离开他的日子该怎么办？我心里特别害怕。

现在我的心情坏透了，吃不下饭，睡不好觉，平时老是走神，想到未来，心里还有一种说不出的紧张感。最近经常头痛，有一个多月了，下了班就为这些事苦恼，越想越难过，越想越生气，害怕抑郁成病，特来求助。

> **分析**
>
> 1. 来访者是原生家庭中的家暴受害人,她的自信与内在力量,先是被父亲,继而被丈夫,不断打压。虽然有母亲的关怀,但仍然不够支持她建立自信、自主的生活。这是一位性别压迫下的女性,需要进行增能赋权。
>
> 2. 从自述可以看出,来访者有很多生活中成功的经验,在咨询时应该充分挖掘。

咨询要点

1. 我非常理解您的处境和烦恼。许多女性和您一样陷入过相似的情感困境,您并不孤单。但我不会固执于讨论您丈夫出轨的事情,而是想从根本上找到您面对他出轨时的焦虑、创伤的深层原因。当您看清自己之后,处理当下的问题并不困难。

2. 我想明确告诉您的是:父亲对您的许多做法属于家庭暴力,他是家庭暴力的加害人,而您是受害人。我想先和您一起对家暴的历史和创伤进行清理,因为这对您现在的境遇是非常重要的。家暴的实质是权力和控制,您是受害人,没有任何过错。家暴受害人通常都会留下不同程度的心理创伤,您在受暴后,在中学阶段,能够健康成长,这非常了不起。但我们还是需要清理一下家暴对您现在的影响,最常见的是自卑、无助感,我从您的自述中也看到了这些。

3. 家庭中都存在权力关系。在您的原生家庭中,父亲用暴力维持权力控制,您认为你们的关系是平等的吗?现在,面对丈夫有可能出轨，您的被抛弃焦虑就出现了，这是否也说明了您和丈夫的权力关系是不平等的？父亲、丈夫，都是父权社会中拥有权力的男人，您所面对的创伤，并不是您个人的，而是父权社会中女性普遍面临的创伤。您需要做的，是挑战这种不平等的关系，建设更加平等的关系。

4. 您是否想过，您的自我否定、您对丈夫的依赖，也是性别不平等的机制使然，也是家庭中不平等权力关系的体现？请您思考：女性的价值在哪里，是否只在于婚姻？相信您的答案会是否定的。这个思考过程是一次挑战内心社会性别意识的过程，在这个思考过程中，您可以认识到自己是有力量的，是可以解决自己问题的，这是您的社会性别意识的再社会化过程。

5. 您现在的烦恼来自对婚姻和丈夫的依赖，您可以离开父亲，是否一样也可以离开丈夫呢？您是否有能力在没有男人的情况下享受幸福的生活？从自述看，我相信您是有这个能力的。当然，我并不是建议您离开丈夫，这是需要您自己思考决定的。我想说的是，即使离开，您也可以幸福，您没有什么需要过于担心害怕的。

6. 我们回忆一下您的成长经历，您是非常有力量的，也曾经做得很好。中学住校后，离开家暴关系，您的人际交往、学习能力、心理健康均得到极大的发展。大学期间学习优异，一度也非常开朗。所以，您很优秀，可以做得很好。您应该重视这些成功的经验，增加自信。

7. 当您建立足够的自信后，我们一起评估您所处的婚姻的功能，看清自己婚姻功能的现状，这将有助于您做出选择。在评估婚姻时，我提出了"婚姻五功能自我评估技术"。这主要是依据人类学对婚姻功能的说明，它包括：性生活的固定配对，情感维系，经济互助，共同抚养孩子，扩大社会联结。每个功能，对于不同的人，意义都是不一样的；即使对于同一个人，在不同时期的意义也是不一样的。您可看一下自己的哪个功能坏了，哪个功能完好，每个功能对于您的重要性分别是多少。现在看来，丈夫出轨，意味着"性生活的固定配对"这个功能坏损。那么，其他的功能呢？没有一个婚姻是完美的，不要奢望所有功能都完备，您要做的是，评估之后确定自己的婚姻有多少价值。这之后，相信您就会清楚地知道如何面对现在的婚姻了。

8. 最后我想说的是，无论您的选择是什么，我都愿意协助您寻找自身的资源，重新唤醒内在的力量，一起规划未来的生活，成为一个不再依赖别人、靠自己生活的人。

案例 5

我提出离婚，公婆说会"家破人亡"

来访者：女性，32 岁

自述

我是一名公务员，我的工作可以说是稳定的，我的婚姻却是不幸的，现已走到破裂的边缘。我现在情绪很低落，希望您能给我一些建议。

我和丈夫是自由恋爱结合的，结婚后一年里我们生活得很幸福。但女儿出生后，由于我丈夫不喜欢女儿，他希望我再生一个，我不愿意再生，结果他对我的感情也疏远了。女儿出生后我一个人带着，那种辛苦别人是感受不到的。更离谱的是，他竟以女儿晚上经常哭闹为由，与我分房了，谁知这一分，我们再也没有同房睡觉了。每次他需要性生活的时候就叫我到他的房间去，完事后就各自回自己的房间。

我多次向他表明我的态度，我想和他一起睡，他总是以各种借口不肯跟我同床。

但据我观察，他并不是有了第三者。

我很难过，三年前，我就想跟他离婚了，但丈夫因工作问题对上司产生了意见，一下子想不开得了心理疾病，我不忍心在这个时候向他提出离婚，于是我暂时把心放下，尽心侍候他。但我知道，我对他已没有感情了，我这样做只是履行妻子的责任。

现在他的病情好转了，上个月，我和他说了自己的打算，他听了很吃惊，说我竟为了这一点小事与他离婚，并一口咬定我是因为他的病才与他离婚的，攻击我，我怎么解释他都不听。

另外他父母知道了我要跟丈夫离婚，放出话说，如果我坚持这样做，就会家破人亡。

我真的很矛盾，我对他真的没有感情了，我不想这样拖下去，但又怕万一离了，他是否受得了这个打击？希望您指点。

> **分析** 这是一个明显存在权力压迫的婚姻，当妻子想以离婚达到权力平衡时，受到丈夫及公婆的威胁。

咨询要点

1. 我理解您的感受，丈夫在家庭中没有承担责任，您提出离婚又受到威胁。丈夫不理解您为何因为"一点小事"离婚，我们有必要分析一下是什么样的"小事"。

2. 我们要思考一下：男人是否应该承担对孩子的养育、照料的责任，还是可以将这些工作都推给妻子？您的丈夫直接表现出对女儿的嫌弃，这是否是父权制思想的体现？进而，他不承担父亲的养育责任，晚上女儿哭闹时他不尽照料的义务，竟然理直气壮地躲到别的房间，这些是否都是他作为父亲、作为丈夫不负责的行为？今天国际社会上倡导"男性参与"，即让男人在家庭事务、孩子养育方面更多承担责任，从您的自述看，您丈夫距离这个新时代的"好男人"标准相去甚远。您完全可以要求他承担这些责任，对孩子的责任也是法律规定的义务。

3. 您和丈夫的另一个矛盾是，他希望您生二胎，您不愿意。我们要思考的是：生育权在谁的手中？国际社会主流的价值观是，是否生育的决定权在女性手中。因为生育和养育孩子，对女性的生活影响更大。女性要十月怀胎，生育与否涉及女性的身体权。而且，要想一想，像您丈夫这样对第一个孩子的养育如此不承担责任，能否指望他对后面孩子的态度彻底改变？您拒绝生育，是您的权利，没任何问题。

4. 再看分房睡觉的事件。我倒不认为分房睡觉就一定对婚姻关系不好，但是，是否分房应该是双方协商达成一致的，明显您是不情愿的；分房也不应该放弃承担责任，您丈夫恰是为了逃避责任才分房的。所以，在分房这件事情上，明显地体现出了他对您的权力压迫。

5. 您的自述中提到自己早有离婚之意，但因为丈夫出现了心理问题，所以您承担了照顾的工作，没有提出离婚。对即使已经没有了感情的丈夫，您也善良地承担了责任，这是需要肯定的。那么，丈夫对您的这种付出，是理所当然地享受，还是认真地表达过感谢？如果他没有认真地表达感谢，您觉得这是否是对您劳动与付出的不尊重呢？

6. 您的公婆说，如果您坚持离婚，就会"家破人亡"。"家破"，是肯定的；"人亡"，谁亡？因何而亡？您觉得公婆这话是否有对您进行威胁的成分？请相信，法律保障您离婚的权利。

7. 您担心丈夫是否能承受离婚的打击。您可以思考的是：如果他不能够承受这个打击，最坏的结果是什么。有没有什么办法可以避免出现这样的结果？出现这样的结果，是您坚持离婚的责任，还是他作为一个成年人没有能力处理感情和情绪的责任？为了避免这个结果出现，您是否愿意一直留在这个婚姻中？您能留得住吗？相信对这些问题的思考，可能帮助您做出决定。

8. 在考虑是否离婚的时候，我还建议您结合"婚姻五功能"进行分析，即性生活的固定配对、情感维系、经济互助、共同抚养孩子、扩大社会联结。看看婚姻中哪些功能坏损了，您更在意哪些功能，等等。从您的自述看，至少是情感维系功能、共同养育孩子的功能坏了。您还要仔细分析：如果放弃离婚的要求，未来的生活会是什么样的，您愿意过那样的生活吗？如果不放弃离婚的要求，后面可能出现什么事情？比如公婆的反对，丈夫的抗拒，是否要起诉离婚，财产如何分配，孩子如何养育，等等。您对即将面临的困难是否已经做好准备？同理，您还要对自己离婚后的生活有所准备，比如一个人带孩子是否过于艰难（当然，您自述中现在就是自己带），等等。在全面思考这些问题之后，相信您会有更清晰、坚定的选择。

9. 婚姻自由，您有法律的支持；工作稳定，您有生活的保障；追求幸福，您有选择的力量。我祝福您。

案例 6

妻子放不下前男友，我违心地提出离婚

来访者：男性，39 岁，有一个 10 岁的儿子

> 自述

　　我和妻子恋爱三年后结婚。妻子和我恋爱前，有一个相恋多年的男友，对方条件很好，在政府某部门工作，父母都是市里的高官。婚后，妻子跟我说，因为对方性格软弱，对她百依百顺，没有男子汉气概，而我正好和他相反，因此最后选择了我。她的前男友也已经结婚了。我知道，妻子是真的对我好。

　　婚后，我工作很忙，长期在外跑业务，加上性格比较含蓄、有了孩子，以及生活、工作的压力，我就不知不觉减少了对妻子的温存，但我一直是爱她的，从没做过对不起她的事。妻子也是贤妻良母型的，尽心尽力照顾好我和孩子。

　　一直以来，妻子和前男友都保持联系，我也没在意、没干涉，一直当他们是正常交往的朋友。可是，该男子自去年调任邻市某局局长后，居然瞒着我，频频约我妻子吃饭。

　　夜深人静，我婉转和妻子谈起此事，她没有回避，但一说就哭，说她爱我，没做过对不起我的事，但也忘不了他。他十多年以来也忘不了她，有事没事就喜欢找她聊、向她倾诉。他对她是刻骨铭心的，他常常开车守在我妻子回家的路口几个小时，然后

离开，就为了见她一面，我妻子常为他这份举动而感动。她也喜欢和他在一起，喜欢他顺着她的态度。妻子还说他的性格比我好，和他在一起不压抑。妻子叫我不要介意、不要小气，还说她已不可能嫁给他，都有家室的人了，只能这样。

我违心地和她提出离婚，想成全他们，让他们有情人终成眷属，但有个前提，他必须对她好，不能玩弄她，否则我不会放过他。我知道，妻子也明白这是违心话，我舍不得她，舍不得孩子，但我又有什么办法？我是绝对不能容忍他人和我分享妻子的，我已处在崩溃的边缘，彻夜难眠。

我想，妻子是捺不住这份清贫了，她最终会舍我而去。

我该怎么办？我还能守住这个家吗？我还有必要守住她吗？求求您给我指引！

> **分析** 表面呈现的是三角关系，背后可以看到"支配型男性气质"的影响。所谓支配型男性气质，即我们通常所说的"男子汉气概"，强调男人要坚强、勇敢、性强大、事业成功，等等。在无法完全满足这个标准时，便会出现"男性气质焦虑"，如本案例中的来访者这样。

咨询思路

1. 您很爱妻子和家庭，但面对妻子和前男友的感情，您很无助，甚至主动违心地提出离婚，我理解您的感受。要回答您何去何从的问题，需要对你们三人的情况有更深入的了解和思考。

2. 妻子曾很欣赏您的男子汉气概，从您的自述看您自己也很认同这一点。那么，您认为"男子汉气概"包括哪些方面呢？您是否在所有方面都满足"男子汉气概"的要求？反省一下"男子汉气概"的相关观点，是如何被您一步步接受并且内化的？这些观点给您带来了什么积极的影响，什么消极的影响？

3. 妻子说，选择和您结婚是因为您有"男子汉气概"而前男友"性格软弱"，妻子当年因为前男友性格离开他，现在又因为他的性格走到一起；当年因为您有"男子汉气概"和您结合，现在又觉得您性格不够好。这些可以具体展开解释吗？您了解她的具体想法吗？她的想法因为什么发生了变化？十多年的婚姻中，你们有哪些幸福的方面，又有哪些双方或一方感到欠缺的地方？

4. 从自述看，您现在社会地位和经济地位上不如妻子的前男友，这是否会让您产生自责、自卑和焦虑，而这种自卑和焦虑影响了您现在的选择？对支配型男性气质的认同，会影响到您性格的形成，让您在亲密关系面临外部力量牵扯时更容易自我质疑。您是否可以考虑跳脱对于支配型男性气质的认同，看到自己其他方面的优点，在更拓展的层面去感知和建立自我价值？当自我价值感高了，您在关系中也能更清晰地表达自己的真实需求，自主选择。

5. 除了男子气概，您是否知道：您还有哪些地方吸引您的妻子？您妻子对您有哪些不满，前男友有哪些地方吸引她？妻子对前男友还有哪些不满？妻子从您这里，以及前男友处，分别能够得到什么，感到缺少什么？

6. 您承认对妻子缺少温存，但又爱她。那么，您表达爱的方式是什么？您只是缺少温存，还是出现过暴力倾向或暴力行为？因为您转述妻子说过，前男友性格比您好，和前男友在一起不压抑，看起来这是和您对比而言的，所以，可能有些情况您还没有说全面。

7. 您说妻子会"捺不住清贫"，离您而去。这只是您的猜想，还是她有所表示？如果只是您的猜想，是什么使您做这样的猜想？您觉得现在妻子已经"嫌贫爱富"了吗？或者，您觉得妻子和前男友走近，是因为他富有吗？以您十多年婚姻中对妻子的了解，您认为妻子最向往的幸福是什么样的呢？

8. 明明不忍放弃婚姻和家庭，您却违心地提出离婚。您分析一下，这是否是因为前男友的出现，带给您挫败感，对您的自我价值产生怀疑，从而对于自己给妻子幸福的能力产生怀疑？您觉得您在提升爱的能力方面可以做哪些事情，让妻子感到幸福？您可以在哪些方面调整自己与妻子过往的相处方式？您如何更多去理解、关照和体察对方的感受、需求，给妻子更多的关心、关注？

9. 建议您用"婚姻五功能自我评估技术"，去分析现在的婚姻。同时也坚定地表达自己的需求、底线、界限，而非一味地隐忍、压抑、退让、包容。可能的话，建议您也让妻子一起来做咨询，这样会更有助于增进你们的关系。

案例 7

婚姻失败，我的青春是否浪费了？

来访者：女性，26 岁

自述

我为一个负心汉，付出了我的一切，可我最后得到的却是心痛。

两年前，男友的母亲得了脑出血，出院后，生活不能自理。在他的家庭中，父亲老实得说不了几句完整的话，弟弟刚去世，这个家庭突然没有了一家之主，几乎无法支撑下去，当时又面临春节的到来，就这样我和他匆匆地步入了"围城"。

我从小受父母的影响，婚后我尽力做一个贤妻良母，每天为这个家做好每一件事，早晨给婆婆穿衣洗漱，按自己定的作息表陪婆婆学走路、晒太阳、按摩，还要照看商店、做家务，邻居都说我是个好媳妇，漂亮、贤惠，我唯一的希望就是能和他美满地生活，白头到老，可我的这一切都是梦想。

丈夫结婚后不工作、不养家，整天在外边混。刚结婚那几个月，他每天晚上还回家，后来干脆连家也不回了，最长一次竟达一个月之久，回来住一晚上又是一去不回。我越来越觉得自己连"二奶"都不如。后来因为他不工作，生活没有收入来源，我只能放弃在家照顾婆婆出去打工维持生活，但他从来不关心我。看着别人在下雪天被自己的丈夫接着回家，我只能一个人又冷又孤独地骑着那辆公公不用的破旧自行车回家,我的心痛得要死,越来越觉得自己活得一点尊严都没有。

我从来没有感觉到家的温暖和安全感,整天生活在没有爱的空间,我开始堕落,工作无法进行,精神到了快要崩溃的地步。再后来我在网吧发现他和一个女人整天泡在一起,可能是他伤我太深,我当时竟麻木了,没有和他吵闹,冷静地提出了分手。

离婚后,我感觉自己两年的青春白白地浪费了,真想把他"废"了。

我同所有离婚的女人一样经历着初期的解脱感,对新的生活充满向往,可后来我发现新的生活并不容易,现在我有些失望。

我想通过自己的努力干些自己的事,成就一番事业,只有有钱、有事业,我才有信心面对新的生活,但我又不知从何做起。

> **分析**
>
> 1. 来访者虽然是传统社会性别角色的受害者,但她显示了非凡的力量。
>
> 2. 适宜使用积极女性主义疗法进行咨询。积极女性主义疗法帮助来访者理解社会性别背景对她们处境的影响,确认并正视自己的情绪、想法;赋权来访者使用个人和社会的力量,增进来访者开创新生活的能力和幸福感。

> 咨询要点

1. 我非常理解您的处境和心情，但我想说：从您的自述中，我看到了您的力量，这种力量非常难得。您的经历，是许多女性都会经历到的，但您的力量，却是只有少数女性才有的。我愿意用积极女性主义疗法和您进行咨询。

2. 积极女性主义疗法的第一个阶段要解决的问题是："我是谁，我在哪儿？"从您的表述看，您曾经想做"贤妻良母"，这是传统的社会性别角色的要求。但是，您的这个努力失败了。您刚刚走出充满权力不平等的婚姻，想开始新的生活却有些迷惘，对前夫充满怨恨。也可以理解为：传统的社会性别角色实践失败，"贤妻良母"的理想破灭，开始努力掌控自己的人生。这是非常好的转变。您正需要更多的支持与肯定，我愿意帮助您完成这个转变。

3. 积极女性主义疗法的第二个阶段，需要您和我一起思考："我是怎么来到这里的？"从您的表述看，您刚刚经历的婚姻背后涉及您原来的女性角色定位。您原来的贤妻良母观念，是父权文化施加给您的，是对您的伤害。女性受这种观念影响，把自己的幸福人生寄托在伴侣、婚姻上，本身是不现实的。这是父权社会长期塑造女性的结果，您是受害人。您所经历的创伤，是社会性别政治的，不是您个人的不幸或者不足。女性不再把人生的价值放在婚姻上，而是放到自己的身上，这是非常好的。过去的，是我们成长中的磨难，我们看清了自己如何走到现在，就坚定了我们未来的行动方向。现在，我们应该关注的是：您要去的地方。

4. 积极女性主义疗法的第三个阶段，我愿意和您一起讨论，帮助您做出决定："我想去哪里？"您已经清楚地表达了，您想做一番事业。那我们就一起来做更详细的规划吧：准备从事哪个方向的事业？有哪些资源？如何开始？如果有多个选择，我们一起评估哪个选择更适合。"我想去哪里"不仅仅是职业方向的选择，也包括亲密关系的选择。所以，我也想听您分享未来的亲密关系安排。

5. 积极女性主义疗法的第四个阶段，探索来访者对于第三阶段做出的决定："感觉如何？"您确定要自己创业，但目前处于不确定性和不安全感当中，"发现新的生活并不容易""有些失望"，甚至想把前夫"废"了。我理解您在不顺利处境中的沮丧、无助，甚至极端的想法。但我们不能停留在这里。从您的自述中，我清楚地看到您是有力量的，您需要探索和克服自己的感受，从混乱和无助的情绪中走出来。比如，您"浪费了两年时间"的沮丧情绪，在我看来，两年并不长久，及时从传统的女性角色中觉悟，及时走出错误迷思，迅速走出失败的婚姻，完成转变，这是非常了不起的。许多女性一生都没有走出来，这些都说明您非常有力量。您觉得损失了两年时间，但应该看到，通过两年时间完成关于自我价值的思考，重新定位，付出的时间真的不多，这份付出也是值得的。

6. 积极女性主义咨询的第五个阶段，要解决您"如何去哪里"的问题。您已经确定了目标，现在我愿意和您一起挖掘可以帮助到您的外在资源，激发您的内在资源，这包括让您看到自己的力量。您对生活充满向往，这就说明了您拥有内在力量。创业不容易只是过程，同时要看到，命运掌握在自己手中本身就是最有价值的。您需要看到自己更深层的力量，这就是自信心训练，您非常善良，乐于助人，这些优点在未来的生活中是非常有价值的力量，相信您一定会拥有美好的生活。

7. 总之，您所经历的创伤，是女性普遍经历的；您开始的新征途，却是绝大多数女性一生都没有做到的。您应该为自己感到骄傲和自豪。未来的路上可能仍然充满磨难，相信自己的力量，永不放弃。在这个过程中，有任何需要帮助的，您随时可以找我。

案例 8

离婚后，仍然走不出悲伤怎么办？

来访者：女性，30 岁

自述

  我是一个离婚的女人，虽然离婚已很普遍，但我的内心至今仍无法从痛苦的旋涡之中挣脱出来。

  我万万没料到我丈夫会找一个比他小九岁的小姑娘。我们前几年生活挺好的，并且有一个可爱的女儿，当他说"对不起我"时，我震惊了。当时我表现得很冷静，同意分手。但后来我同样也表现出所有女人应该做的一幕，又吵又骂。

  起初我还幻想他良知发现，后来才得知，为了同我离婚，他不念十年的夫妻感情，不念父女之情，想出了种种办法。他已经无法自拔，疯狂到了死不回头的地步！我想这样的男人如何能再同他携手生活。他声称同那姑娘有感情，到了离不开、忘不了的地步，什么孩子、家人已经全然不顾，对于情人已经有胜似初恋的感情。我的心绝望了，心痛到了极点，虽然采取愚蠢报复的办法，使他成为一名下岗工人，我内心得到一点欣慰，但经历了半年折磨，我好累。最终，我同意成全他俩，离了婚，随后我支撑起一个小店，已经很满足了。

  但离婚不到一个月，他们就同居了，我内心的耻辱感无法比拟，因为我是一个倔强、好强、极要面子的人。我感觉我已经无法在此地生活下去，我不愿听周围人的议论，不愿看周围人的眼神，我真想一走了之，但是又怕我的女儿没妈没爸，孩子内心的创伤是无法想象的。故请教一个对策。

> **分析**
> 1. 来访者走出了带给她伤害的婚姻，但并没有完成自我成长，仍然陷在受害者的角色中无法自拔。
> 2. 本案例仍然适用积极女性主义咨询技术。

咨询要点

1. 您的丈夫出轨了，不顾您和女儿的幸福，坚定地离婚，离婚后又很快和别人同居，这让您非常伤心和愤怒。您现在刚刚离婚，独自带着女儿艰难地生活在耻辱感中。您的情绪反应是正常的，许多人遇到您这样的情况，也会有您这样的情绪。您很不容易，也很坚强。

2. 我们来看一下，目前的处境是如何一步步造成的。您经历了丈夫出轨、报复丈夫、离婚的过程。我想和您讨论一下您目前的耻辱感，这耻辱感表面看来是因为前夫找了一个比您小九岁的"小姑娘"，您觉得别人在议论您的离婚。我们一起来分析一下：您为什么会那么看重别人的眼光？您又为什么会认为离婚的女性会被议论、被嘲笑？显然，背后是"离婚女性贬值了"的价值观，是对比年轻"小姑娘"的自卑感、自我否定心理。这些，打击了您的自我价值感和自信心。我想请您一起思考：前述价值观的基础是什么？显然，这样的价值观是建立在女性结婚对象越年轻越好的基础上的。而这种关于女性的价值观，是父权文化的一部分。您面对的问题，不是您个人的问题，是社会文化造成的，这是不公正的，也是不正确的。女性的价值应该建立在自己的内在力量基础上，而不是年龄和外貌。我们可以继续讨论这个话题，对您进行社会性别的再社会化。在这个过程中，相信您可以一步步放下耻辱感。

3. 现在想一下，您想如何安排自己未来的生活，即"我想去哪里"。您看重对女儿的养育，并且已经有一个小店在经营。这些都是非常好的、正向的计划，您完全有能力主宰自己的生活，完全有能力创造，也准备好了开创新的世界，您就更不需要有耻辱感了，您应该为自己感到自豪。

4. 针对已有的规划，您感觉如何？从自述看，您仍然面临生活压力和创伤清理的工作。您的内心对前夫有愤怒，您可以用愤怒的情感代替耻辱的情感；用对未来的积极规划，代替对过往生活和对自己现在生活不满的情绪困扰。关于女儿的成长，您有许多担心，但是，孩子在没有爱的原生家庭中更糟糕，单亲家庭中孩子也可以健康快乐地成长，重要的是学习如何给女儿足够多的爱。

5. 有了规划，我们就一起来思考如何实现这个规划，即解决"如何去哪里"的问题。重点是将转变付诸行动，这首先需要您自信。为了帮助您获得自信，我们来梳理一下离婚的好处吧。是的，我相信这对您一定是有好处的。如果不离婚您可能面临更大的麻烦，现在的情况比在婚姻中好多了。您有很多优势，比如，您面对丈夫的行为能够勇敢离婚，这本身就是有力量的，很多女人是没有力量离婚的；您现在能够支撑一个小店，有独立生活的能力，这也是您的力量所在；经营中的艰辛是非常正常的，每个经营者几乎都会遇到。我们一起来回想一下您成功的经验吧，无论是情感上被人喜欢、追求，还是事业上的成功经验，这些可以帮助您建立自信与自尊。建议您做一些行为训练，比如每天数次对着镜子说："我很棒，我能行。"再如每天想一想自己可以超越的地方。等等。

6. 您已经开始一次成长和蜕变，这个过程可能比较长，但非常值得。放下因前夫而生的羞耻感，放下过去，那些只会无谓地消耗您的能量。将目标放到未来，努力迎接挑战，这反而会增加您的能量。这个过程中，您并不孤单。

案例 9

两次婚姻均以离婚告终，这些年我是不是白活了？

来访者：女性，33 岁

自述

　　23 岁时，因为得不到家人的接纳，我与相爱五年的男友被迫分手，在很勉强的情况下与父母看中的男人结婚。这婚姻是强扭的瓜，没有爱情的婚姻使双方痛苦不已，丈夫是爱我的，但我不爱他，无论如何在内心深处忘不了初恋男友。长时间的冷漠后，丈夫越来越无法忍受，我对朋友说我一天也没有爱过他，丈夫则对朋友说我像木头人一样。

　　在儿子半岁时，我们离婚了，心平气和、毫无怨言地分了手。毫无心计的我就得了个儿子，所有家产都给了前夫，当时我只想能早日解除痛苦，只想分开，觉得在一起太累。

　　25 岁时，我在非常爱某君，并且某君也很爱我的情况下带着孩子嫁给了他。婚后确实也恩爱了几年，我还暗自庆幸找到了所爱的人，不幸的是这个爱我很深的男人并不能长久地爱我。结婚八年后，我的第二个丈夫抛弃了我。

　　第一次无爱的婚姻结束时我还不觉得痛，第二次婚姻的失败让我痛不欲生，几乎丧失了生活的勇气。我不明白自己做错了什么，最初无法接受现实，在种种挽救婚姻的努力彻底失败之后，痛苦地再一次走出"围城"。

现在33岁的我看到别人都有家,感到特别累,为什么别人什么都有,而我什么也没有?人生走了那么长的路,我得到了些什么呢?前些年不是白活了吗?活个什么劲儿呢?我感到已经身心俱疲,只想歇歇。好心人到处牵线搭桥,但我还敢走进"围城"吗?我经不起再摔一次了。

我该怎么办?

分析 并非所有的离婚者均会体验离婚后的创伤,是否体验到创伤,与自己对婚姻情感的理解、对人生的规划、对自我力量的发掘,均有很大关系。

咨询要点

1. 我非常理解您的沮丧与无助。您和真爱的男友被家人拆散,又经历了两次婚姻失败,现在身心俱疲,不敢再开始亲密关系,甚至开始怀疑自己的人生价值,认为自己"白活了"。但是,我从您的自述中,也看到了很多正向的东西。

2. 首先,离婚不应该视为失败的事。离婚,有的时候恰恰是对美好婚姻的向往使然。您虽然经历挫折,但一直在追求美好的爱情。您现在不敢开始亲密关系,不敢走进"围城",也是因为您心中有一个美好爱情的标准,有一个幸福婚姻的标准,您不想将就,这是您非常宝贵的力量。那些无法挽救的婚姻,是不值得您留恋的。多少人都在婚姻中委曲求全地过日子,您比他们活得真实、幸福。

3. 两次婚姻失败，让您发出"前些年不是白活了吗"的悲情质问。我想请您回忆一下：过去的 33 年，除了爱情和婚姻，您还有哪些幸福快乐的时光？我不相信您的生活中除了爱情和婚姻就什么都没有了。您有学习、成长的快乐；有和儿子相处的快乐；有经历这个世界上种种美食、美景的快乐；甚至，在您恋爱和婚姻的幸福阶段，您同样有快乐。这些都因为离婚就"清零"了吗？它们都从您的生命体验和情感记忆中被抽离了吗？显然不会。这些幸福和快乐，已经植入到了您的生命中。

4. 您认为爱情和婚姻是您生命中最重要的东西吗？如果是，这种观念如何形成的呢？这样的观念，给您带来什么样的正向影响和负向影响？您认为除此之外，人生还有哪些价值的体现？传统的社会性别文化，将女性的最大价值定义为"贤妻良母"，这是对女性生命价值的贬损，也是对女性自主选择权的剥夺。您的人生价值在您自己手中，不在婚姻或男人手中。

5. 您才 33 岁，要知道，现在许多 33 岁的人还没有结婚呢。您已经经历了两次婚姻，前面的人生没有"白活"，您也不是什么都没有得到、一无所有的。您对婚姻和家庭有了更深入的体验和了解，这本身就是生命的财富呀。是的，创伤也是一种财富，它引导我们在未来如何更好地回避创伤、更好地生活。您现在重新开始，一切都来得及，什么也不晚。

6. 您的生活中，是否也有一些单身、离婚女性的成功榜样呢？这样的榜样非常多。单身、离婚，不是女性悲伤的开始，而可以是新生命的开始。建议您看一些单身、离婚女性的电影或书籍，向榜样学习，增能赋权。

7. 您提到目前不敢恋爱，不敢恋爱就先不要恋爱，给自己一些时间去做自我成长，做婚恋之外的事情。您是从事什么工作的？您有什么技能和特长？您有什么爱好和向往？有什么婚恋以外的人生规划？您这么年轻，拥有实现梦想的一切机会。我本人是 34 岁的时候才开始读研究生的，所以，您看，33 岁时完全可以开始创造一个新的人生。您要看到自己的力量，找到自己的目标，规划好生活，不仅是规划婚姻生活。当您整个人成长了、提升了、更有力量了，您再回头看经历过的婚姻挫折，一定会有不一样的看法呢。

8. 两次离婚经历，也会给您和其他面对婚姻解体的朋友一些启发。比如，不能以"强扭的瓜"的姿态走进婚姻，也不能仅凭爱情就走进婚姻；离婚前，要尽可能将自己的利益最大化，要对离婚后的处境做好准备；等等。

案例 10

离婚一年，我快要得抑郁症了

来访者：女性，30 岁

自述

我和前夫离婚已经一年多了。去年中秋节的第二天，我们到法院办了离婚协议，理由是感情不合。用他的话说："在你面前没有男人的尊严。"他不希望我在单位争强好胜。

婚后六年里，我一直在单位踏踏实实地干好自己的本职工作。我的工作在一步步发展，而此时我的家庭出现了危机。我比他强，由于工作忙，孩子顾不上，由婆婆带。有时加班加点就住在单位。我性格外向，他内向。刚开始，我回家晚了都说好听的哄他，但得到的是他一言不发，要不就是："我不需要你的那些名誉，又不能当饭吃。"

时间一长，我的心气儿不那么高了，试图维系这个家，工作不那么积极主动，有时还休个病假。

虽然他高兴了，但我对工作的热情其实始终没减。渐渐地，我觉得我不是那种偷懒的人，工作是我生命的一部分。于是我找回自己的状态，上班精神抖擞，而一迈进家门我什么也不想干，我和他的沟通也越来越少。我们不吵不闹，对某个问题出现分歧，也都不说话了。

我们正式分居半个月后，他去了法院，当他拿回起诉书的时候，我很吃惊，我万万没有想到他会先斩后奏。

在不通知任何人的情况下，我们办了手续，财产没有争议，孩子由他抚养。我们就这样结束了这桩婚姻。而此时单位又要我和其他几位同事去香港考察学习。

那些日子我真的很失落，强打精神说笑。别人有人送，回来有人接。我谎称他工作忙。以后的日子我只是工作，直到春节过后，我向领导说了我的情况。没有一个人相信。在他们眼里我的丈夫老实忠厚，我又小巧灵活，互相补充，谁也不承想我们不吵不闹就分手了，而且是那样迅速。现在回想起来，我一直认为他是个好人，对人体贴、脾气好。

离婚一年多了，我的性格有些变了，不愿出门，不愿和同事聊天。我感觉自己这样下去就要得抑郁症了。我该如何走出来？

> **分析** 许多人在离婚后会经历创伤期，来访者原来的婚姻还有很多价值，离婚时也没有做好充分的准备，这个创伤就会重一些。

咨询要点

1. 我理解您的感受。您的前夫有许多让您满意的地方，离婚时您也没有做好充分的思想准备，所以现在会有些压抑。这只是一个过程，相信很快会过去，当然您也要做出努力。

2. 我们先看一下让您有些留恋的婚姻出现了什么问题。遗憾的是我们无法听到您前夫的声音，如果您的自述准确全面的话，您热爱工作，职场上比他成功，家里的事情便负责得少一些。用您的话说，他感到尊严受损，这是婚姻中双方的一个冲突。考察这个冲突，从两方面入手：谁的责任；双方是否做了努力解决这个冲突。

3. 先看是谁的责任。要回答这个问题，就要思考几个小问题：如果男性在职场成功，女性是否会觉得自尊受损？男性感觉尊严受损，是女性放弃职业追求的正当理由吗？职场成功，是否应该是或可以是女性追求的目标之一？女性职场成功，在哪些方面会伤害到伴侣的实质权益吗？比如成功女性是否会无时间承担家务？而且，承担家务一定是女性的职责吗？如果男性工作忙不承担家务，女性是否也可以因此指责他不负责任？相信在思考这些问题的过程中，您就会理解，社会性别将女性的价值定位在私领域，不鼓励女性职场成功，而男性的价值定位在公领域，所以男人会因为妻子在职场比自己还成功，而处于自卑和男性气质焦虑中。这不是女人的错。时代变了，男女都一样，女人有权利追求自己想要的生活，应该改变的是男性。

4. 再来看，你们是否为解决这个冲突做出过努力。从您的自述看，您是认真做出过努力的。包括：回家晚了说好话哄丈夫；一度工作不那么积极；等等。您因为担心丈夫的尊严就放弃职业努力，这是否是积极的、正向的努力，倒是值得另外讨论。但是，您确实努力了，您的努力没有得到丈夫积极的回应，也就是说，他没有进行同步的努力。而您实在太喜欢积极工作的态度了，所以最终还是放弃了妥协，继续投入职场，最终丈夫提出离婚。如何理解丈夫因此提出离婚，我们还需要思考几个问题：您丈夫欣赏、爱您的是哪些方面？他是否愿意因为这些方面的爱而调整甚至放弃对您职业追求的不满？女性是否应该因为丈夫的不满而放弃自己的职业梦想？男人是否也可以尝试调整自己的价值观和生活方式？如果我们是具备性别平等思想的，对这些问题的思考，足以让我们做出判断。那就是，您丈夫在维护婚姻方面，没有做出积极的努力。

5. 在您重燃职业热情之后，您和丈夫不再有积极的沟通，这确实是一个遗憾。但如果丈夫关于性别角色的价值观不改变，这遗憾最多只是推进了离婚的速度。

6. 我想请您思考的另外一个问题是：您的婚姻中是否还有其他令您或丈夫不满意的地方呢？仅仅是您的职业成功带来的这唯一一个冲击吗？根据我的经验判断，通常会有其他不满意的地方，可能您没有提及，不知是刻意的，还是无意的。这些被忽视的，都需要拿出来加以讨论和分析。

7. 从您的描述看，您好像没有做好离婚的准备。事实上，我相信以您决定重返职场的时候，在您和丈夫回避沟通的过程中，您也一定反复思考过离婚的问题了。通过我们前面 2—4 点的分析，您婚姻中的症结是根深蒂固、难以化解的。您能够选择和丈夫平心静气地离婚，也是因为当时心理上接受了这一点。如果这样的话，早些离婚更好，双方都可以及早开始新的生活，不必彼此消耗。

8. 您现在所处的心理状态，是正常的，也是暂时的。有研究显示，离婚者身体和情绪问题的发生率更高，无论男女。您应该有意识地做出改变的努力，简单地说，就是要往前看，不要总往后看。您在职业中有追求、有能力，无论从哪方面看，都可以开始更好的生活。把注意力投入到您热爱的事情上，前途一定很快就会柳暗花明。

案例 11

我该复婚吗？

来访者：女性，30 岁

自述

  我的前夫是我的初恋，我们在一起七年才结的婚，朋友都说这样的感情基础一定很坚固。也许正因为我爱他爱得太深了，容不得一点瑕疵，不到三年我们就离婚了。

  现在回头想想，我为这段感情倾注了我全部的爱，从一开始我的父母就反对我和他在一起，可我的坚持最终使他们妥协了。婚后我才发现，我们在一起那么久，自己却根本不了解他，过去因为爱蒙蔽了自己，他的缺点很多，我都可以不在意，可他的花心我始终无法忍受。我知道他是不会因为出轨离开我的，我也试着让自己不要破坏现在的和睦，觉得等他成熟了，自然就会收心。但我最终无法坚持了，离婚是我提出的。他说他很舍不得我们十年的感情，但他没有挽留我，他知道我做出的决定是不会改变的，就像当初决定嫁给他一样。

  我们是今年 2 月 14 日签的字，挺讽刺的。他说如果我们有可能复婚的话，还要在这一天登记。当时我的泪往心里流，却坚决地告诉他我们不可能了。可我多想告诉他，我爱他，只要他肯改、肯求我，我不会走的。

  从那天起，他一刻也没在我的脑海中消失过，我想尽一切可以忘记他的办法,我每天都要出去玩到半夜才回家,可梦里他还会出现。那时我开始酗酒,同时也认识了我现在的未婚夫,一个让我只想依靠却没有爱的男人。他帮我慢慢离开了那种非人的生活,我一度觉得自己很对不起这个男人,最近很偶然地我发现他和我一样心里也有着一个对象,是一个会让他心痛的女人。他和我在一起并不是出于爱我,只是觉得我们俩各个方面都挺合适的,所以就在一起了。知道这些我并不难过,反而觉得轻松了。前几天他向我求婚了,我们订了明年的婚期。

我想我应该对我未婚夫负责,应该尽量忘记自己的过去。可最近我的前夫在和我联系,他和我分开后经历了很多麻烦,生病住院动手术,出了个小车祸,差点丢了工作,而且尝到了自己花心的后果,被一个做模特儿的女孩缠上了甩不掉,搞得自己有家不能回。别人都说这是他的报应,可我知道了却只有心疼,冲动地想像过去一样,尽自己的能力去帮他解决所有困难。他说想见我,我答应了,可也怪了,我们约了几次,都阴错阳差地没见成。

我知道不见面对我来说应该是最好的了,见了面我都不知道自己会冲动地做出什么事情来。我只能盼着他不再出现在我的脑海里。

我想忘掉,可忘得好累,因为我知道我还爱他。

后来,我终于忍不住见了他。我们一起吃了一顿饭,还聊了好久。他说他约我见面是想让我谨慎地考虑再婚的决定,他说我现在想嫁的这个男人并不适合我,他不想看到我再陷入婚姻的困境中。

我们聊了一些以前的事情,一起做过的事情,一起去过的地方。他说他和我分开后,去过许多我们从前一起去过的地方,他去找了我们八年前旅游时住过的小旅馆,只是那小旅馆已经变成大饭店了,所有的东西都变了。

我们抱在一起痛哭了一场。我告诉他这是我们最后一次见面了,他说会尊重我的想法,但只要我想见他,他是不会拒绝我的。

有朋友劝我,应该和他复婚,我不知道。还有人劝我应该和现在的男友尽快结婚,我也不确定。

我该怎么办?

> **分析**
>
> 复婚,是许多离异者面对的一个问题。像所有问题一样,咨询师不可能给来访者一个简单的答案,不可能代替来访者选择,但可以推动来访者自己思考、选择,最终做出决定。

咨询要点

1. 我理解了您在自述中所讲的,对于前夫和未婚夫的不同感情。我也理解了您面临的选择。我愿意带领您一起思考这些问题。

2. 我想更清楚地了解您和前夫间的感情,您提到自己"容不得一点瑕疵,不到三年我们就离婚了",我想知道是哪些具体的瑕疵,因为这有助于看清你们之间的感情到底是什么样的。和他在一起的时候,满足了您哪些情感和现实需求?您提到"从一开始我的父母就反对我和他在一起",那么父母反对的理由是什么？您婚后觉得父母的这些理由都被证实了吗？您说他不会因为花心和出轨真的离开您，您是如何确信的？您提出了离婚，仅是因为无法忍受他的花心吗，还有别的原因吗？您现在如何看当初自己的这个决定？您提出离婚后，"但他没有挽留我"，您是否有些失落，您是否希望他挽留？

3. 关于现男友，您说是"一个让我只想依靠却没有爱的男人"，您想从他那里得到什么样的依靠呢？您觉得他在婚后也会一直给您这样的依靠吗？这种依靠是否会使得他在你们的关系中更有权力？您的生活中是否必须得到这样的依靠？这样的依靠是否剥夺了您的进取动力，是否伤害了您的自主性？您强调了和现男友只是"合适"，也就是说，还是满足了您一些现实需求的，这是一些什么样的现实需求呢？虽然也确实有伴侣在没有感情的情况下过了一辈子，但您和他都不妨思考和讨论一下：双方都知道彼此心里装着另一个人，这样走入婚姻，会发生什么？真要这么着急就去"赌明天"吗？再给自己一些时间思考、体验，会有什么困难吗？你们是否已经准备好了，一旦婚后发现没有爱情其实不"合适"，仍可以轻松自在、开开心心地离婚？

4. 至于是否要和前夫复婚，你们也要一起思考这些问题：当初困扰你们的问题都有哪些？除了他花心，您提到的那些"很多缺点"，您真的可以不在意吗，这些问题都解决了吗？他的花心改变了吗？他能确定今后不再出轨了吗？或者您确信可以接受他的花心和出轨了吗？如果这些问题都没有解决，那复婚的意义是什么呢？

5. 您提到一直非常爱前夫，也要想一想：您爱他哪些方面？

这些方面，他现在还有吗？您觉得以后还会一直有吗？您对他的爱显然不包括他的花心和出轨，那么，您确认您对他其他方面的爱，可以抵消对他的花心和出轨的排斥吗？

6. 您提到两人见面时回忆起许多美好浪漫的过去。这种回忆最容易使我们失去理智了。这种回忆打动我们的，并不是我们一起经历那个时刻的那个人，而是我们自己在那个时刻付出的真情实感。认清楚这一点，您就会明白，当您选择是否要和前夫复婚的时候，您的眼睛不要盯着过去浪漫的时光，而要盯着你们之间的矛盾和问题，冷静甚至有些"冷酷"地来考察：你们之间的问题真的解决了吗？

7. 我想，当这些问题都思考过之后，您会对自己和另外两个男人的亲密关系看得更清楚，离做出决定就不远了。最后要告诫您的是：建议一定要在再次结婚之前想清楚所有这些。

4

放松，你太执着了

性障碍咨询案例

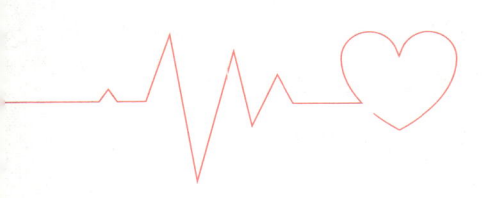

　　即使面对一个性生活障碍的咨询，也需要咨询师具备社会性别敏感意识。表面看是女性或男性性功能障碍，背后可能是社会性别角色影响下的伴侣关系的问题，可能是传统性别角色建构的问题。

　　将社会性别敏感咨询法引入性障碍咨询，也符合传统的生物医学模式向生物、心理、社会相结合的现代医学模式转化的趋势。

案例 1

妻子在性生活前要打扮一番

来访者：一对年轻夫妻，妻子脸红，低头不语，自述均出自丈夫之口。

自述

　　我和妻子结婚快一年了，我逐渐发现妻子有一个"怪癖"，而这种"怪癖"越来越影响我们的性生活。

　　妻子在生活中很注重自己的形象，无论是发型，还是服装，平时都是一丝不苟。在家里，她的眼中见不得脏乱，我们家中非常整洁。这些本来是好习惯，可她在性生活中仍是如此就令我有些难以接受了。比如，性生活时她同样非常注意形象。性生活前她要打扮一番，非到了她认为完美的程度才可以开始；脱下的内衣一定要规规矩矩地摆放好，时时还要注意怕弄乱了头发；性生活后她会马上清洁好身体，穿好内衣睡衣，再换床单，再次对镜子整理妆容……

　　她这套烦琐的过程说实话令我很受影响，我喜欢性生活时无拘无束的感觉，但她做的这些，总是令我不自然，至少是破坏了性生活的气氛。我也给她提出过意见，建议她能自然随意些，每次她都会轻描淡写地接受我的建议，但到时候依然如故。请问，我该怎么做才好？

> **分析** 虽然是夫妻来访,但从丈夫自述来看,应该主要对妻子进行咨询。在妻子咨询的时候,可以请丈夫离开,这样有助于妻子敞开心扉。考虑到妻子表现出来的对性的羞涩态度,如果是女性咨询师接待妻子则更有助于她放松,更自然地打开话题;如果是男咨询师,则对咨询师坦然的态度、建立咨访关系的能力要求更高。

对妻子的咨询要点

1. 看得出来,在您丈夫讲述的时候,您有些羞涩和回避。无论这时的态度,还是丈夫讲的您对性的态度,我觉得都是很正常的,许多女性都有过,或一直有这样的情况。这不是您丈夫说的什么"怪癖"。

2. 虽然是正常的,也不影响我们探索一下为什么会有这样的情况,您可以坦然地告诉我吗?您的成长过程中,有过哪些不愉快的性经历?您和丈夫的性爱体验带给您什么感受?您和丈夫的感情如何?如果您说的哪些话,是不希望您丈夫知道的,您可以告诉我。

3. 您分析一下,羞怯与回避,是否是您的一种应对措施?对性的羞怯、回避背后,可能是因为性的价值观,也可能是因为您的性感受不好。比如您在掩饰对性没有兴趣,通过拖延时间来整理心情,做好准备,唤起兴趣。无论因为什么,都不是问题,您不需要感到自责或自卑。这些表现的存在也不是您的错,而是社会性别文化对女性的"性"建构的结果。在我们的文化中,几乎所有女性都有过对性的回避态度,甚至很多男性也曾这样,觉得性是令人羞耻、应该回避的。

4. 我们来看一看,在您成长过程中,接受了哪些关于"女性与性"的信息,这些信息是如何内化到您内心的,这些信息带给您的积极和消极影响分别是怎样的,这些影响对您现在的性态度和性关系有什么影响。在这个过程中,丈夫讲的所谓"怪癖"的原因可能就水落石出了。这些信息,专业的角度称之为"早期学习"的影响,包括:从小对性的污名教育、羞耻感教育;偏颇的防性骚扰教育;儿童少年期对自慰的严厉惩罚;受性骚扰、性侵犯的经历;性爱初期不愉快的体验;等等。

5. 在我们找到早期学习的具体原因之后,我希望您可以通过阅读技术打开视野,对于"女性的性"有全面的认识。比如可以阅读《海蒂性学报告:女人篇》,也可以看一些充分体现了女性主体价值的情爱电影。在您逐步走出传统的女性性价值观,对性有更自然、开明的态度之后,您还可以更深入地探索性爱带给自己的愉悦。

6. 我们一起来分析一下,您对于性的态度是如何受社会文化和家庭中权力关系的影响的。社会性别文化可能使您在性上存在无力感,丈夫在家庭中的主导权力同样可能使您在性的问题上出现无力感。比如针对女性的社会性别定位,一些女性在性上不敢说"要",另一些女性不敢说"不要"。这些分析的目的,是帮助您掌握权力、行使权力。

7. 我也建议您进行一些自信训练,使得您面对性的时候,无论想要或不想要，都采取更加自信的态度，可以对丈夫坦然地说出自己的感受、经验和想法。目前您在性爱前的表现，是一种对自己内在声音的回避。

对丈夫的咨询要点

1. 妻子的行为影响了您的性爱体验，您既失望又困惑。我完全能够理解您的这种感受。

2. 您妻子对性的行为表现，是因为羞涩或回避。在我对她的咨询中，已经对此进行了梳理。我想请您理解的是，社会性别文化对男女有着双重性道德标准，在对女性的性表现建构上非常强。所以，妻子的表现一定是有原因的，不是"怪癖"。希望我的咨询可以帮助她找到并解决那个"原因"。

3. 您要做的，是给妻子时间，理解妻子的现状，尊重妻子成长的意愿和节奏，注意伴侣之间的权力运作，警惕给妻子带来权力不平等的压迫。

4. 在妻子愿意向您坦陈原因，需要得到您帮助的时候，您可以按她的意愿提供帮助。包括了解妻子的性反应，使用更加关爱妻子感受的性行为模式。

案例 2

妻子拒绝做爱

来访者：男性，38 岁

自述

我和太太结婚 12 年，从一开始太太就很不喜欢性爱，直到现在我们一年都不超过十次。

一方面她觉得性爱很脏，每次结束她会洗身体并用很多卫生纸擦床单；另一方面她觉得很不舒服，每次都觉得疼。

我曾经以为是自己的床上功夫不行，去做过很多乱七八糟的事情，可后面发现我无论怎样做她都不舒服。

我们曾经做过心理咨询，她很排斥，根本不配合而且她觉得这不是问题。我们在她父亲病重的时候要了第一个孩子，两年后又要了一个，除了要孩子的过程我们很少有性爱。

我现在很痛苦，我觉得她不爱我。我总觉得自己像是在强迫她做不愿意的事情。我现在感觉有点扛不下去了，我想离婚净身出户，只是有这个想法。

分析　同前面一个案例一样，本案例仍然应该对妻子和丈夫同时进行咨询。但因为妻子绝对不可能来咨询，所以咨询师只能从丈夫入手，帮助丈夫增加处理这一情况的能力。虽然，这可能无助于根本性地解决问题。

咨询思路

1. 我理解您的痛苦。一年不到十次性爱，对于您这个年龄的男性来说，确实是一个很大的困扰。我愿意帮助您探索出路。

2. 我还是要先告诉您，现在这种情况，没有您妻子参加咨询，事倍功半，甚至可能完全没有效果。虽然说，谁有烦恼谁咨询，妻子没有烦恼（觉得性生活现状不是问题），看似不需要咨询。但是，伴侣性爱咨询如果要有效果，最好是伴侣双方都参加，了解彼此的性经历、性价值观、性需求，才能更准确和全面地了解双方到底发生了什么。通常，情况的改变也需要双方的互动。如果只听一面之词，很可能存在偏颇，甚至出现误导，不仅无法解决问题，还可能使情况更糟糕。所以，我还是建议您设法让妻子参加咨询。目前在妻子坚决拒绝咨询的情况下，我只能针对现有信息，帮助您单方面去努力。

3. 单纯从您的描述看，妻子表现出多个性功能障碍。比如：性欲障碍（对性没有兴趣）、性高潮障碍（觉得不舒服）、性交疼痛（每次都很痛）。性交疼痛，需要先做一次医学检查，排除器质性原因。虽然从您的描述分析，器质性原因的可能性非常低。

4. 女性性功能障碍，排除器质性原因，通常均属于早期学习原因造成的。早期学习，包括：从小对性的污名教育、羞耻感教育；偏颇的防性骚扰教育；儿童少年期对自慰的严厉惩罚；受性骚扰、性侵犯的经历；性爱初期不愉快的体验；等等。而所有这些，均与社会性别文化有关。如果妻子能够来咨询，我可以用女性主义咨询法中的性别角色分析技术，帮助她一起回忆从小到大接触过的"性",探讨针对"女性的性"的性价值观是如何影响她并内化的。在妻子不来咨询的情况下,我希望您了解这些女性性功能障碍的形成原因,您可以在妻子愿意倾听的情况下,向她介绍这些信息,自行回溯成长经历,思考成因。

5. 女性性障碍者早期学习涉及的性羞耻感教育、性污名教育,看起来男女都会经历,但是,在女性身上会更强化。这是因为我们社会存在男女双重的性道德标准,塑造"女性没有性欲""女性不喜欢性"的谎言,鼓励女性"纯洁"。所以,处理早期学习造成的女性性功能障碍,同样需要去除社会性别刻板印象,进行性价值观的再造。这可以通过社会性别意识提升来实现,也可以通过阅读疗法,即让女性去阅读性活跃、性自主的女性的经历,认识到女性的"不一样之处"。您可以买一本《海蒂性学报告:女人篇》给妻子。

6. 女性性爱初期不愉快的体验,男性有重要的责任。通常是因为不了解女性的性心理、性反应,不关心女性的性感受,急于求成造成的。所以,您应该自我检省,给伴侣"适合她的性爱"。

7. 您的妻子没有性欲,另一种可能,即她是非异性恋。但是,性倾向是自我判定和自我认同,是隐私,任何人,包括咨询师和伴侣,都无法也不应该去要求她说明自己的性倾向。您只需要考虑,自己婚姻中的一个重要功能——"性生活的固定配对"功能,存在很大的问题,而且可能永远无法改变。在这种情况下,您冷静评估自己婚姻的其他功能及价值,再决定是否要离婚。

案例 3

20 岁男青年出现了勃起障碍

来访者：男性，20 岁。

自述

有一天，我没有抵抗住诱惑，去找了小姐。找之前有很剧烈的运动，而且在那里等了一段时间，不在状态，所以就没勃起。不成功后，小姐问我是不是打飞机（自慰）太多了。

那次不行以后，我整个人觉得没着没落的。我想，在哪儿跌倒就要在哪儿爬起来。所以一次次去找同一个小姐，想在她那里成功。但是，总是失败。

一次次的失败，让我万念俱灰。作为一个男人，特别是还没有真正开始性爱的男人来说，这样的打击让我窒息。

也许阳痿之前的我心里就有一些缺失，认为人生很重要的事情就是做爱，美好的性爱是未来幸福不可缺少的一部分。对性的热爱，一直激励我为之努力。现在这样，我失去了进取的动力。

就算我以后谈恋爱，谁会和一个阳痿的人在一起。我曾在法国看一个谈话节目，里面一位女性说，如果男友不行，她最多再给他一次机会，再不行就分手。

再加上是由于找小姐而阳痿的，又是难以启齿的一件事，我就更焦虑了。

种种的焦虑让我惶惶不可终日，导致了近一年的严重失眠。

我看了一本日本的书，详细介绍了自杀的方式，每种方式的痛苦程度、死后状态等。我想过上吊、跳楼、在车内自杀等，但是都因恐惧而作罢。

> **分析** 支配型男性气质导致的性表现焦虑、心因性勃起障碍，可以通过心理治疗来解决。

咨询思路

1. 我理解您的焦虑，甚至痛苦。这个年龄出现勃起障碍，确实让人难以接受。但我想告诉您的是，从您的描述看，您的勃起障碍更像是心理原因造成的，也就是说，是可以改变的，您不用过于担心，更不用绝望。您平时有没有晨勃和夜勃，自慰的时候是否会勃起？如果都有，就更可以确定是心理原因造成的暂时的勃起障碍了。性虽然是很重要的，但也没有重要到值得我们放弃生命。

2. 我们先来普及一些知识：女性性功能障碍主要源于早期学习，男性性功能障碍主要源于直接原因。所谓"直接原因"，就是性爱过程中的性表现焦虑。如：担心自己的阴茎不够硬，担心自己勃起障碍，担心自己做得不够好，担心无法让伴侣达到高潮，担心自己做得不够久……

3. 我们一起来探索一下您勃起障碍的"直接原因"吧。这些"直接原因"，同样与社会性别文化紧密相关。在支配型男性气质影响下，男人被要求在性爱上表现强大。勃起的阴茎是男性阳刚之气的象征，是男人"雄风"的体现，直接与男人的自尊挂钩。正因此，男人才会焦虑，而焦虑反而导致了他们的性功能障碍。您不妨回忆自己接受男性"一定要性强大"信息的过程，这些信息对您产生了哪些正向或负向的影响，去鉴别这些内化了的信息，看哪些信息想保留，哪些信息想放弃。

4. 我们再来回忆一下您第一次勃起障碍的背景，正如您自己意识到的：之前有剧烈运动，"不在状态"。这种偶然的"不在状态"导致勃起障碍很正常，但为什么您后来会一再勃起障碍呢？不难意识到，是您的性表现焦虑造成的。而性表现焦虑的背后，是男性"一定要性强大"的性别角色建构。

5. 支配型男性气质带给男人心理的压力，在这种压力下，很多男人都会出现心因性勃起障碍。所以，您的表现是"正常的"，不需要过于有压力，只要改变它产生的根源就可以了。这要求您放弃支配型男性气质对男人要性强大的定义。当您放弃了对支配型男性气质的执着，意识到偶然情境中的勃起障碍是每个男人都会碰到的，而且勃起障碍也不足以评价您身为男人的价值，您的性表现焦虑便会缓解。

6. 我们再来分析在性爱的过程中有什么办法避免性表现焦虑。首先，"不做旁观者"，性表现焦虑的时候，当事人自己跳出来，"看"自己做爱，"看"自己表现得是否像个阳刚的大男人，这种"旁观者"的表现导致性功能障碍；其次，出现性表现焦虑的时候，是关注行为的时候，所以，应该用"关注感觉"代替"关注行为"，沉浸到性爱的愉悦感本身；再次，当不由自主地关注行为的时候，用性幻想充电，使自己专心地"关注感觉"。

7. 另外,您在一位性工作者那里发生了第一次勃起障碍,反复去找她,声称是"在哪儿跌倒在哪儿爬起来",其实是为了挽回面子。在导致勃起障碍的情景中反复尝试,勃起障碍的概率就会加大。所以,应该"在哪儿跌倒,换个地方爬起来"。

8. 您未来还可以进行性感集中训练。这是一种性治疗的专业技术,不仅有助于解决现在的勃起障碍问题,还可以进一步提升您的身体素质。

案例 4

因为自慰羞愧的女生

来访者：女性，19 岁，大学生

自述

  我是独生女。我家庭经济状况良好，父母均是商人，平时忙于工作，经常早出晚归，与我的沟通很少。

  我小学一年级住在伯父家养病时，曾目睹过伯父和伯母过性生活。二年级的时候，我为了好玩而与一个年龄略大于我的男孩及两个略小于我的女孩一起玩过一次性游戏。因为害怕别人知道之后会说闲话，就再也没玩过。但是不知为何，这事还是被班上的一些男同学知道了，于是他们就经常故意跟在我身后嘲笑我，并给我取了很难听的绰号。

  由于我是独生女，父母忙于生意，没人能听我倾诉心中的苦闷。我曾想过自杀，但觉得对不起父母，遂打消这样的念头。于是情绪一直低落，又没有找到合适的宣泄方式，我开始自慰。上初中后，我通过书籍了解了一些有关性方面的"知识"。我很害怕今后会得病，但依然沉溺于自慰带来的暂时快感中。

  虽然自慰多年，我因为怕脏从未将手指或其他异物插入过体内，只是通过用力夹腿及抚摸胸部来获得快感。次数频繁时每天一次，受生理期的影响，有时甚至一天数次。事后感觉身体很疲累，精神状态也不好，因此我很想戒掉自慰习惯，却控制不了自己。

我常常会做类似的梦，梦中的自己没穿衣服，到处寻求遮蔽物或藏身地点。

我觉得自己是个坏女孩。害怕自己以前的事情会被更多同学知道，还时时担心现实生活中会突然出现梦里的情景。每当看到别的同学在谈笑时看向我，就认为对方是在谈论我，因此精神状态很差。有时上着课我忽然起了自慰的念头，但怕被同学发现，只能盼着早些下课回家。

我认为自慰是有害的，因而常产生悔恨、紧张、害怕、多疑、自责等心理。但越是如此，我就越是沉溺于自慰之中，借自慰来释放自己的紧张情绪，从而形成了恶性循环。当身体有不舒服的情况出现时，我就怀疑是过度自慰造成的，害怕这样下去以后体质变差，甚至无法生育。

我的情况是不是很严重？别人会不会也存在类似的情况？我迫切地希望克服自慰的积习。

> **分析**　表面的自慰焦虑背后，是对自己身为女性却"喜欢性"的自责与羞耻。

咨询思路

1. 您早年的性游戏经历被别人议论，您因为自慰感到自责，我理解您的这些感受，但我想说：不必自责。

2. 目睹成年人的性生活，不是您的过错；小时候同伴间的性游戏，非常常见，不属于"道德不端"的行为，同样不是您的污点。同样是玩性游戏，男生事后不会被嘲笑，甚至还可能炫耀似的主动和别人分享，而您却被嘲笑，这背后仍然是男女有别的性道德标准，仍然是对女性不公正的社会性别文化的影响。您是这种文化的受害者，您自己没有任何过错。

3. 您不必对自慰感到自责和焦虑。我清楚地告诉您，自慰非常常见，在青春期的女生中也非常常见；您自慰的次数并不算多；自慰不是坏事，不存在严重与否的问题；自慰只要方式无害，就没有什么害处，您目前的自慰方式并不会给身体带来伤害；认为自慰有害的观点是基于对自慰的污名化，其实自慰最大的害处，是对自慰有害的担心。您将自慰归因于情绪低落，其实不低落的人也一样自慰，自慰不是坏事，不是病症。

4. 您为什么会对自慰有这么大的压力，这种压力有多少是因为身为女性才有的？有多少是文化对性的污名化加给您的？如果一个男性自慰，他会有这么大的压力吗，或者别人会因此歧视他吗？在这样的讨论过程中，您一定会认识到自慰污名化背后的性别文化因素影响，认识到对女性不公正的权力压迫。

5. 您经常出现的梦境，对同学议论自己的担心，通过自慰释放压抑情绪，都是由针对女性的"性"污名化带来的。这些"症状"是社会性别文化影响下的正常反应，您不需要过于焦虑。建议您参加青春期性教育的课程，如"猫头鹰性教育营"，或通过阅读青春期性教育的优秀读物，来提升对性、自我、他人的认识，进一步悦纳自己，快乐成长。

6. 如果您同意，我也可以介绍女性咨询师来和您分享她们身为成年女性的性体验，包括自慰，和性关系中的性自主、性权利。

7. 我希望一个合理有效的咨询能够达到这样的效果：您认可自己的受害者身份，确定您的性自主，将内在的羞耻感转化为外在的力量，做您想做的事情而不需要感到羞愧。

8. 在完成性、性别的价值观再造之后，我想和您一起探索您自己的优势与力量，增加自信，规划学习和生活，拥抱青春。

案例 5

假高潮一年后，我懒得再伪装了

来访者：女性，34 岁

自述

我结婚五年多了，和丈夫的感情可以说很好。不过……从一年前开始，我伪装性高潮，现在次数越来越多。因为每次做爱都不爽，我如果由着自己的感觉表现，就会成为所谓的"死鱼"，他肯定就做不下去了。为了维持这聊胜于无的性爱，我才伪装高潮的。

我不是一个不懂得享受性爱的人，我的丈夫也不是那种只顾自己感觉的人。但做爱时，我就是不爽。

最近，我懒得伪装了。我想：就随他去吧。但那样的话，估计我很快就没有性生活了。我想不明白这种伪装到底是为他的自尊心还是为我的，也不知道这种伪装能维持多久。

我看到很多专家强调性沟通的重要性，可这样的事情要怎样对他说才能不引起猜疑？

分析

通常情况下，伪装高潮是一种低自尊的行为，背离了性的平等、公平原则，还可能存在父权文化对女性的压迫。

咨询要点

1. 我理解您的心情，这么久没有性高潮，还要伪装，让您觉得既委屈又不甘心。性爱上的缺失，确实会让人烦躁、郁闷，整个精神状态都受打击。

2. 我想了解的是：您说从一年前开始对性爱不满，那么，您和丈夫的性爱，此前曾经是否让您满意过？是否一直未能让您满意，您一直没有高潮？如果您和丈夫的性爱曾经让您满意过，甚至有过高潮，那我们就从因何会改变入手，对您伴侣间的具体互动进行考查。如果您对性爱一直没有满意过，一直没有高潮，那我们考查这个问题的角度，会有所不同。

3. 相比于男性，女性确实很难达到性高潮。女性无法达到性高潮的情况，医学上称之为"性高潮障碍"，但我认为这不意味着您自身存在"障碍"，而是有很多种因素。比如，我们前面提到过的女性的"早期学习"压抑了她对性高潮的追求，或压抑了她的性反应，才可能导致性高潮障碍。从您的自述看，您从不回避性爱议题，所以不像是这种情况。那么，更多就是伴侣间的性爱确实没有刺激到位。

4. 改变女性性高潮缺失的情况，需要伴侣双方都有追求女性性高潮的意识，还需要双方非常了解女性的性反应。您单方面的努力是不够的，必须让丈夫一起努力。只有男人关心女性伴侣的性感受，彼此间的性爱才会是真正好的。女人的性感觉是弥散型的，不同的女人获得性高潮的最佳方式可能不同，所以除了一些常规的敏感部位刺激之外，伴侣也应该和您一起摸索最令您快乐的方式。

5. 您也问过自己：伪装高潮到底是怕伤害他的自尊心，还是怕伤害自己的自尊心。我觉得，无论哪种原因，伪装高潮都无法带来您想要的性高潮，所以，您有权利要求伴侣协助您达到高潮。毕竟，性爱是两个人的事，伴侣间的平等同样体现在性爱平等上。当您不敢说出实情的时候，已经将自己放到了不平等的关系中，处于低自尊的状态。这也是您现在感到"懒得伪装"下去的原因吧。

6. 在达到性愉悦的过程中，伴侣间的沟通非常重要。从自述看，您前期并没有做这样的沟通，只是假装高潮了。这可能给您的丈夫造成误解，以为您真的很爽，他真的很成功。这显然解决不了问题。所以，您必须真实地说出自己的感受。理解您担心说了让老公受打击，这种情况确实有可能发生，男人在性上受挫甚至可能出现勃起障碍。所以，沟通中的原则，是强调自己的感受，同时引导对方的行为，而不是一味指责对方的行为。比如您可以说："如果……做，我会更舒服。"这样说通常不会伤害他的自尊心。

7. 您担心说出实情会"引起猜疑"。我想，您也许会觉得：如果女性追求性高潮，男人会认为她"经验丰富"，或者"淫荡"。我们的社会存在着对男人和女人不同的性道德标准，有男人这样想是可能的。根据平时的观察，您觉得丈夫是这样的人吗？如果只是您的担心，我觉得您可以放下顾虑，追求性满足是您的权利，他对您污名是他的卑劣。您会为了让他感觉您"纯情"，就一直牺牲自己的性权利吗？

还有一种可能，他确实是那种"直男"，对女人的性欲有许多污名化认知，但您考虑到婚姻的其他功能，又觉得没必要仅因为性的事情"闹僵"，所以才选择伪装。如果您这样决定，我也能够理解您的选择，但我想，在伪装的同时您仍然不应该牺牲性愉悦的权利。您可以伪装得更好些，既说出自己的欲求，又满足他"直男"虚荣，比如可以考虑一下夸赞他，再用肢体语言"自然"地引导他，甚至可以再说出"怎样更好"之类的话，引导他按您感觉舒服的方式做爱，还能够让他自鸣得意，何乐而不为呢？这时的伪装，不再是对父权文化的屈从，而成为一种对父权文化的斗争了。

8. 总之，男人的自尊要考虑，您作为女人的自尊同样重要。性爱是美好的，也是重要的，对男人和女人都一样。所以，大胆地追求吧。

案例 6

我想打女友的屁股，又怕她说我变态

来访者：男性，28 岁

自述

我刚刚交了一个女朋友，这是我的第一次恋爱，她也是我的第一个性伴侣。

我发现自己在性交时有打对方屁股和脸蛋的冲动，我克制住了，却始终觉得不尽兴。我感觉自己变态、不正常，很痛苦。

我第一次有这种想法是在几年前，电视剧中丫鬟被打耳光时的叫声和头发飞舞的画面让我有了性唤起。

我目前陷入两难：如果在性行为中尝试打耳光，怕女友认为我变态，导致分手；如果我能够说服女友接受我打耳光的行为，我又觉得女友太可怜了，我会不忍心。我为此十分痛苦。

我不是施虐受虐症患者，只是喜欢听手打脸蛋或屁股的清脆声音和对方的叫声，我完全无法接受让对方受伤的暴力行为。

> **分析**
>
> 1. 人类的性反应非常多元，来访者的性兴趣属于性多元的一种。
>
> 2. 来访者对性多元有非常多的迷思，需要帮助他厘清。

咨询要点

1. 我理解您的不安。一方面有着"特殊"的性兴趣，一方面又无法坦然接受这个"性趣"，甚至认为自己有疾病，是"变态"。

2. 人类的性喜好是非常多样的，您想在性爱过程中打伴侣屁股和耳光的性喜好，属于性多元的一种。任何一种性兴趣，只要没有伤害到别人，就不是过错，也不是疾病。也就是说，您有这样的性兴趣是正常的，不用给自己加上道德败坏、变态的评价。

3. SM（性虐恋，sadomasochism，经常被简写为"SM"）有许多类型，程度不等，您的爱好就是SM的一种。SM也不像您想象的，都是使对方受伤的，SM不是暴力，不是"癖"、"症"或变态，它只是一种游戏。当事双方都必须约定"安全词"，受虐的一方在感觉不舒服的时候可以随时喊停。

4. 您现在需要做的，是与伴侣坦诚沟通，说出您的性喜好。如果您担心伴侣不理解，不敢说出来，一直压抑着，您未来可能会对这样的伴侣关系不满意。所以，您应该做真实的自己，坦率相告。

5. 伴侣间的性行为方式,必须是双方自愿的,双方均能够从中感到乐趣的。所以,如果您的伴侣也同意,甚至喜欢被您"打",那就完全没有问题,这是你们的共娱共乐。你们后面只需要约定具体的方式和程度,以及"安全词"就可以了。

6. 需要强调的是,如果您说出之后,女友不理解,不同意配合您的喜好,您不可以"霸王硬上弓",也不可以给她压力让她屈从,这些都属于"性暴力",是伴侣暴力的一种。

7. 您说出来之后,还有一种可能。伴侣理解您的性喜好,但她自己不喜欢。这时可以讨论,看看能不能找到彼此的契合点。伴侣间的性行为是双方互动的亲密行为,要充分地相互尊重,同时也要相互交流感受,共同寻求更加和谐的关系。如果能够找到契合的地方就最好了。像您的性喜好,通常情况下,即使对方不喜欢,也不难接受。

8. 如果您伴侣自己的性价值观较为保守,厌恶多元的性方式,甚至她碰巧是一个 S,那你们的性生活可能会不太和谐了。

9. 总之,双方同意的 SM 爱好,与暴力无关,也与性别权力无关,可以坦然地沟通和实践。

案例 7

性爱时，丈夫只愿"女上位"

来访者：女性，31 岁

自述

我结婚一年半了，觉得与丈夫的性生活不正常。

我有性需求，但是丈夫无法满足我，他可以正常勃起，也有性冲动，但是在发生性关系时，更愿意我在上位，他自己在下位不用动作地享受。

这样我很累，我不太接受这种体位，而且每次时间也只有 10 分钟左右，我没有高潮体验。

我如果不用这种体位做，他就宁可不发生性关系。

我们也算新婚燕尔，但每个月最多只有两次性生活，而且都是我主动提出来才会有。

最近，我发现丈夫有购买性服务的迹象，在我追问下他承认了。他说：与性工作者发生性关系时，就是女上男下的体位。他说自己懒得动，喜欢被服务。

我现在的烦恼是：婚姻不性福，看不到前途。为此我甚至考虑过离婚。我该怎么办呢？

分析 性爱不和谐引发的情感和婚姻危机。如果能够在婚前发现，就可以避免现在选择的艰难了。

咨询要点

1. 我非常理解您因为性生活不和谐而苦恼，甚至想到离婚。这是很正常的，毕竟性爱是我们生活中非常重要的内容，您又正处于女性性欲望和性能力的旺盛期。

2. 丈夫习惯了一种体位，用其他体位的时候确实可能会影响性体验，影响性兴趣。但另一方面，伴侣间的性爱，毕竟和他去购买性服务是不同的。你们在性爱上是平等的，您也有享受性愉悦的权利，有选择性爱方式的权利。所以，他不可以坦然地"懒得动"，躺在那里享受您提供"服务"。他需要也为您"服务"。

3. 建议让丈夫也来咨询。如果他来咨询，我会和他讨论他这样"懒得动"的体位偏爱是如何形成的，讨论他是否认为在性爱中和伴侣的权利是平等的，讨论他改变性行为方式的可能性，甚至引导他学习性技巧。在他不来咨询，至少是目前没来咨询的情况下，您也可以试着和他讨论这些问题。这些讨论的目标都是同一个：让他认识到伴侣间的性爱应该是互娱互乐的，他有责任让您感到性愉悦，达到性高潮。为此，他必须学习和改变。

4. 理想性爱的实现，一定是伴侣双方协调、妥协的结果。比如，他偏爱女上位，您不喜欢女上位，那是否可以约定在一次性爱中，分时段按各自偏爱的方式进行呢？或者在不同次的性爱中，轮流满足各自的偏爱呢？

5. 您提到了性爱时间不足 10 分钟的情况。性学界有过研究，发现在理性的性爱活动中，真正的活塞运动阶段平均只有 7 分钟。所以，10 分钟并不短。但重点是，是否有前戏，是否有后戏，是否是令双方愉悦的 10 分钟。故而，不能够单纯从时间角度看待性爱。

6. 其实，女上位更容易刺激到女性的阴蒂，女性更容易掌控整个过程和进度，所以这是女性更容易达到性高潮的方式。您之所以对这种方式"无感"，很可能与前戏、后戏的不足有关，甚至可能与您和他的情感有关。在他充分尊重、关心您的性爱感受的情况下，您未来也可以试着从女上位中找到乐趣。

7. 至于是否可以因性爱的欠缺而离婚，这是需要您做全面评估的一件事。我们前面提到了"婚姻五功能自我评估技术"，"性爱"或叫"性生活的固定配对"只是其中一个功能。您还要考虑您的婚姻中另外四个功能的完善程度，进行全面、细致的评估。

8. 对于丈夫购买性服务的事件，您所言甚少。您可以找个时间，静静地听一下自己内心的声音：您是如何看待这件事的？您是否可以理解和接受？您觉得这对您和他的关系有影响吗？等等。

案例 8

年轻的丈夫没有性欲望

来访者：女性，32 岁，结婚 5 年

自述

婚后我发现丈夫对性没有欲望，我感到很烦闷。烦闷积累得多了，我看到丈夫就会很愤怒。

我已经带他去医院看了男科医生，排除了生理性原因。所以只能是心理原因。

我了解了他的成长经历，可能影响的因素包括：

1. 丈夫小时候因为调皮被幼儿园老师羞辱，被命令脱了衣服裤子在操场上跑圈，深深的羞耻感给他留下了阴影。

2. 他从小在欧洲长大，所在的地区华人较少。所以可能将自己的身体与欧洲男孩比较，产生自卑感。一部分当地人还有排华情绪。

3. 第一次和女孩（外国人）约会时，因为太紧张，没有正常勃起。所以我推测他担心自己不行，在性活动时会格外紧张。

4. 他成年后回国，性伴侣是不固定的，更多的情况下会选择性工作者为其服务。据了解，他在那段时间有药物滥用史（麻醉属性的药物），到了后面从事性活动的时候已经开始出现不能勃起的情况了。

5. 他与我相恋后，因为担心自己不能顺利勃起，会依赖伟哥之类的药物。这个行为可能更影响勃起了。

我虽然很烦恼，但是不想给他压力，怕影响夫妻感情，所以近一两年不提性活动的事情。但是他在上个月某天晚上突然想和我同房，我感到很惊讶。那晚的表现还比较让我满意，但是我不敢有太多期待，怕会失望。我曾试探性地问丈夫为什么那天那么主动，丈夫说是因为前一晚梦到和我有性活动，梦中的我很性感迷人。

未来，我该怎么做呢？

> **分析**
>
> 1. 性爱咨询最好是伴侣双方都做咨询，才能避免咨询师受一方偏颇观点的影响，无法真正帮助到来访者。
>
> 2. 本案例中，来访者已经进行了一定程度的分析，咨询师可以酌情肯定她的分析，提醒她听取丈夫的看法，尝试在伴侣的"自助"与"互助"中成长。

咨询要点

1. 我理解您的感受，对性生活的不满感到烦闷，又不敢给丈夫压力，既怕影响感情，又担心压力大了适得其反。我必须表达我对您的赞赏，您其实已经做了非常多的努力，而且很专业，包括带他去看男科医生，排除器质性因素；对他成长历程进行了解和分析，都非常专业到位。

2. 我非常认可您对于成因的五点分析。我想补充说明的是，排除器质性因素，女性的性功能障碍，更多是"早期学习"的影响，而男性的性功能障碍，更多来自"直接原因"，即对自身性爱表现的焦虑和压力。

3. 社会性别文化，建构出男人应该"性强大"的刻板印象，会使得男人时刻处于"阳痿恐惧"中，即担心自己性无能，担心自己"不像个男人"。这种压力与焦虑，恰恰可能真的造成男人的"性无能"。从您分析的第3、4、5条中，可以看到您的丈夫确实一直处于这样的性表现焦虑中。

4. 因为有这样的焦虑，他总担心自己做不好，于是轻易不敢做。也就是说，不是您一开始说的，他对性没有欲望，而是因为他担心自己做不好，为避免失败宁可不做。

5. 彻底缓解您丈夫的性表现焦虑，最好是他亲自来咨询。在他不来的情况下，您也可以去帮助他，毕竟您已经表现得像一个专业的性咨询师了，相信您一定可以做好。总的思想是：放下对性表现强大的执着，更多关注自己在性爱中的感觉，而不是关注自己的性爱表现。关注性爱表现的时候，男人便成了一个"旁观者"，在那里看自己"是不是够棒"，这样会分心，从而无法专注于性爱了。如何才能使自己"不分心"呢，比较有效的办法包括用性幻想充电，用情色的念头占据头脑，等等。

6. 对您丈夫的另外一个咨询要点，应该是帮他分析，关于男人与性的观念是如何影响到他的，如何被他内化的。进一步思考：这些内化的观念给他带来了哪些正向的影响，哪些负向的影响？哪些是他想放弃的？比如性表现焦虑，就是一种显而易见的负向影响。如果他愿意改变，您可以表示给他强大的支持，告诉他您理解中的性爱是什么样的，比如是自然的，而不是刻意表现强大的。

7. 如果您的丈夫是您的同龄人,提醒他:尽量不要服用壮阳类药物。这类药物会带来一时的"强大",却可能对身体构成长远的负向影响,至少会加剧他的性表现焦虑。

8. 对许多伴侣来说,要达到性爱和谐需要长期交流沟通。不幸的是,很多伴侣可能永远无法实现双方都满意的性爱。每个人也都要做好这样的准备。幸好,性爱只是我们生活的一部分,不是全部。当然,它也是很重要的一部分。

案例 9

开放式性关系,让我们的感情受到影响

来访者:男性,34 岁

自述

我和妻子结婚六年多了,一开始性爱很和谐。

但近一两年,感觉彼此在一起久了,没有什么新鲜感和激情了。我们尝试过性玩具、情趣内衣、角色扮演等。但是,都没有获得我们想要的激情。

为了有更好的性爱体验,一年前我们开始尝试开放式性关系,各自可以有出轨的对象。但是,感觉也不太好。妻子的需求比我大,妻子找性伙伴也比我容易,这让我心里有些不舒服。而且,一方出轨之后,回到家中,如果另一方正好有性欲,或者满足不了对方,或者做得非常勉强,非常影响感受。

一年来,开放式性关系已经逐渐发展到影响我们之间感情的地步了。我们两个人又彼此依恋,不想分开,这种情况应该怎么办呢?

分析

1. 如今很多伴侣在尝试开放式性关系,这是充满风险的。在此案例中,原本想提升婚姻中的性功能的开放式性关系,却影响了婚姻中其他功能的运转。

> 2. 咨询伦理要求咨询师不能对来访者进行道德评判，但咨询师可以引导来访者深入思考自己的行为选择，最终做出对自己利益最大化的选择。

咨询要点

1. 我理解您目前的困境。您和妻子一直追求激情的性爱，是不想让婚姻平淡无味才开始开放式性关系的。但现在，开放式性关系影响了你们的感情。如果结束这种关系，您担心生活更加无趣；如果不结束，您又担心两人的关系会因此越走越远。

2. 在长期的伴侣关系中，激情的性爱确实较为少见。因为性爱本身一个重要的诱惑便是新奇与刺激，长期生活在一个屋檐下的伴侣，越来越熟悉，这种新奇与刺激的感觉注定会变淡。如何解决这个问题，不同的人会有不同的尝试，您提到已经做过性玩具、情趣内衣、角色扮演等尝试，其实还有很多在法律允许范围内的尝试，比如换不同的做爱地点、平时分床睡觉等。

3. 开放式性关系，对于许多人来说是一颗充满诱惑的毒苹果，刺激但充满了风险，包括法律和社会主流道德上的风险，也包括实践中影响伴侣关系的各种不可预见的风险。不知道你们在开始开放式性关系之前，是否对各种风险进行过认真评估？是否讨论过，当每种可能的风险出现时，应该如何应对？单从您的自述看，即使你们讨论过，也可能对结果的评估不够充分。

4. 要解决目前的问题，需要从逐一看清并分析开放式性关系给你们带来的负向影响做起。您提到妻子比您更容易找到性伙伴,这让您"心里有些不舒服"。您可以仔细分析一下:这种不舒服的具体原因是什么?是因为嫉妒吗?是因为觉得"吃亏"了吗?是为妻子对您的感情担心吗?您和妻子讨论过这些顾虑与担心吗?如果没有讨论过,为什么不讨论?如果讨论过,她是如何回应的?您对她的回应有什么感受?您是否愿意为您的顾虑和担心做出改变?

5. 您提到,您和妻子之间的性爱受到开放式性关系的负向影响了。开放式性关系的初衷,是让你们彼此间的性爱更有激情,现在背离初衷了,这种情况,您在开始开放式性关系之前想到了吗?现在,您觉得有哪些办法能改变这一状况呢?思考之后,可以和妻子商量,找到彼此都认可的改变方式。

6. 您的自述中提到,开放式性关系已经影响到您和妻子的感情了。从婚姻五功能的角度看,您原本是担心性爱功能不良而开始尝试开放式性关系的,但现在,性爱功能的问题没有解决,婚姻中原本完好的其他功能受损害了。您对此有预案吗?现在有哪些可以用来改变这一处境的行动策略吗?思考之后,与您的妻子讨论,共同找到彼此均认可,并且最有助于修复婚姻功能的办法。

7. 我很关心的另一点是,在决定开放式性关系之时,您和妻子是平等拥有决定权的吗?其中是否有性别权力的压迫?如果没有,是最好的。那么,当您在考虑结束开放式性关系的时候,也要对不平等的权利保持敏感。

8. 您和妻子希望性爱永远充满激情的想法是可以理解的,但做出任何尝试的时候都要对可能带来的风险做好充分评估,当风险真的出现时,及时做出调整。相信你们有能力做出对自己利益最大化的行为选择。

5

深埋心底的那些伤

性骚扰、性侵犯咨询案例

咨询师在对性侵受害者进行干预治疗之前，必须清楚地了解性侵的危害。除了明显的生理创伤之外，性侵还会对受害者造成长期的心理创伤，包括：羞耻、自责、愤怒、无助、恐惧、孤独、抑郁、性混乱、情绪失常、社交焦虑，等等。性侵受害者可能存在创伤后应激障碍（PTSD）、物质依赖、重度抑郁障碍或产生其他精神疾病。性侵受害者的家人和朋友同样承受着心理创伤。

案例 1

我没有拒绝性侵，身体也有了反应，是我的错？

来访者：女性，高二学生

自述

我最近一个月心里特别烦，时常感到紧张恐惧，看到同学高兴就生气，有时甚至有杀死他们的念头，自己想学习又学不进去，懒得和同学说话，与同学没有共同语言，我感觉同学都认为我怪怪的。

我从小生活在农村，在农村读小学和初中，中考后被城里中学录取。我从小就感到很孤独，上小学时放学回家总是一个人坐在自家院里看书或对着夕阳发呆。

小学五年级时，我在父母的操办下按地方习俗认了一个"干爸"。干爸是一个网吧老板，干妈也在网吧打杂。我的父亲经商，做药材生意，平时很忙，很少照顾家，对我很少过问。干爸家与我家离得很近。

五年级下学期，有一天我放学回家，在院里看书写字。这时干爸来了，说了一些日常问话后，就把我叫到屋里，强行亲吻了我。当时我不知所措，害怕极了，干爸说很喜欢我，并发誓以后会关心我。他还威胁我：不准告诉别人，就连父母也不能说，说出去会很丢人的，别人知道后怎么活，家人的脸往哪里搁，别人会怎样看待我父母之类。

我由于害怕就没告诉父母。后来这样的事情时有发生,干爸开始经常给我买衣服和书,当时由于我年龄小没有多考虑这些事,就这样任其自然发展。

我进入初中后,因为住校,回家次数少了,但只要一回家,干爸就会来找我。我知道他的想法,有时家里有人,他就会邀我到他家去玩,拿什么教他儿子读书当借口。

我怕父母看出异样,只好答应去他家,到他家多数是做那种事,我没办法拒绝。

就这样到了初二下学期,有一次他强行与我发生了性行为,当时我很无奈和害怕,想:亲吻还不够?为什么还要……

此后,我对他特别憎恨,恨不得杀了他,可又无能为力。

读高中后,干爸经常来学校看我,经常给我买衣服和吃的,就这样我竟慢慢地接受了他,并感到有些喜欢他。在暑假里我怀孕了,并做了流产。

随着年龄的增长,我对这种事思考了许多,并看了许多有关的书,其中包括法律类的书,觉得自己是被干爸强奸的。我很痛苦,总想自己和别人不同怎么这么倒霉,会遇到这样的事,生活经历太坎坷了。我还责怪自己一直太软弱,为什么一开始没有坚持拒绝,以至于他得寸进尺,步步紧逼,我觉得自己也是有责任的。

我本可以反抗,我怎么可以让他这样对待我?是我自己不好,是我淫荡。为什么我的身体还有了反应?怎么会这样?

> **分析**
>
> 来访者的处境，与社会未能进行好的性教育有关。这是一个未成年人被性骚扰、强奸的案例，随着年龄的增长受害者才看清事件的实质。

咨询要点

1. 我理解您现在的处境和心情。我愿意为您提供法律援助、情感支持、开放式交流、同理心辅导，您可以用自己能接受的方式打开心扉，自主选择需要什么帮助。

2. 我理解您的愤怒，我认为您可以表达出对施暴者，即干爸的愤怒。我对于他的做法，也非常愤怒。您确实是被性侵的，您有权利报警；也有权利做其他选择，我会尊重您的最终决定。现在您还处于和干爸的关系中，您必须做出努力，才能结束这份关系。我需要对您的性创伤做进一步的了解和评估，您表现出来的恐惧、烦躁、自责、自卑等，都是经历性创伤后的表现。这个过程中，需要家庭成员的适当参与，您需要将真相告诉父母。这个事件中，父母是有责任的，您可以把不满直接说出来，请他们道歉。

3. 我理解您被侵犯的委屈，也理解和尊重您的悲哀，但我不赞同您悲哀、自责的想法。许多被强奸的人没有愤怒，只有悲哀，这是不对的。因为受害者没有过错，受害者也没有因此"贬值"，所以不应该自责和悲哀。性侵的受害人不是病人和倒霉蛋。

4. 性侵是在男女不平等的父权文化下发生的。从您的经历可以看出，性侵发生有一定的社会历史原因，干爸对您的做法，是典型的父权制下男人对女性的欺压。在您的家庭中，父亲缺席，干爸则拥有了父亲的权力，您是一个受压迫的角色。年幼的您当时没有能力坚决地反抗，是权力压迫的结果，是缺少性教育的结果，不是您的错，您不应该因此自责。您在被性侵中有生理反应，也是正常的，只要性敏感带有接触就可能带来这样的身体反应，与您心理和情感上的态度无关，绝对不是您不好或者淫荡。所以，您同样不需要自责。

5. 您是在完全无知的情况下，被干爸性侵的，而且干爸还不断向您强化羞耻感，威胁您不能告诉别人。您的胆怯也是权力压迫的结果，您不应该受到指责。任何人，都不应该对您有任何责备。在您和性侵者的关系中，他一直是拥有权力的、控制和压迫您的。您需要完成对他的心理反抗：性侵弱者的人根本就不是强者，他是更弱者，被人不耻的弱者。您需要增长面对他的勇气。

6. 您的自责很大程度上可能是因为无法惩罚那个施害者，心里的痛恨无处疏解和发泄，转而成为自我攻击的能量——自责、自我伤害，将这种由文化造成的不可避免的伤害"合理化"成自我不够强大或者自己有过错，来弥补这种无助感。事实上这是一种弱者的反抗。遭遇过性侵的女子，需要而又难以获得一种支持——对父权文化的反抗。我愿意给您提供这个支持。

7. 您可以哭泣，可以谨慎地回忆当时的感觉，表达当时的痛苦，分析当时所有复杂的感受。如果您愿意，在您准备好的时候，可以说出性侵发生的过程、施暴者的行为，以及性侵当时的反应。这些细节对于性侵创伤的咨询十分重要。通过详细描述，可以了解到您对性侵的迷思、压抑，以及性别社会化的过程。通过分析您对性侵的误解，能帮助减轻您的羞耻感、自责感和孤立感。通过回忆和描述这些细节，也有助于您理顺思绪，停止自责。虽然我鼓励您说出来，但不急于求成，也不会强迫您做自己不愿意做的事。如果您需要，还可以找一位女性咨询师来咨询，以便您更自如地完成这个过程。

8. 我想提供其他已经从性侵创伤中恢复了的人的联系方式给您，希望您可以和她们交流，作为一种支持。可以安排您与其他有相似问题的个体一起进行团体咨询，来帮助您获得对自己身份的验证和肯定，从而逐渐正视自己，走出阴霾。我也建议您参加一些反对性侵犯、性骚扰的社会活动，将内在的愤怒转化为外在的行动，在行动的过程中疗愈内心。

9. 让我们来学习正视被强暴的遭遇，试着对自己说："就好像我被小偷光顾了一样——那一刻，我很害怕，没有反抗，但受强暴不是我的错。"消除您内心的不洁感、羞耻感，对贞操观进行颠覆。您的自我价值与被性侵的遭遇没有关系。被性侵犯，不会使您"贬值"。

10. 建议您阅读一些同样有过被性侵经历的女性的传记，或者观看相关电影，比如《紫色》。您会发现，即使遭受过性侵，女性同样可以拥有美好的人生。

11. 让我们来面对您的内心可能产生的对性的否定和压抑，比如"性原来是这么糟糕的感觉""性就是一个男人欺负一个无法反抗的女人""女人在性过程中就是被动的忍受者，毫无快乐可言"等对性的否定观念。被性侵的经历，不应该使您对性本身进行否定。性侵只是与性有关的事物中的一小部分，绝不是全部。您需要对性快乐重新认识："受性侵时的性，不是我要的性，我是被迫的，因此它不美好，而未来，我可以获得美好的性，因为那些是我要的。"

12. 让我们一起来寻找未来的希望，重建您内心的支持系统。看一下，您有哪些特长、能力、资源，我们一起来寻找您的自我价值，进而赋予自己力量。关注您身边的爱，而不是关注创伤。

案例 2

被性侵后，她又被腐朽价值观"二次伤害"

来访者：女性，24 岁

自述

我 8 岁时，被强奸了。那是一个 20 岁的男人，将阴茎插入我的阴道，还有口腔。我多年后回忆，那时不懂得性，但懂得伤害，知道自己被伤害了，恐惧使我不敢反抗。

那个男人还强奸过另外两个八九岁的女孩子，后来被判处了死刑。

多年后，我感觉自己已经忘记那件事了，但在 23 岁的时候，母亲让我一定要去做处女膜修补术。

我不明白为什么要做。妈妈说："难道你忘记了吗？你小时候被强奸过，将来恋爱、结婚的时候，如果老公发现，会嫌弃你的。这对你的婚姻和爱情影响很大。"

我不想做手术，隐约觉得处女膜修补术是对自己的伤害。但是母亲强迫我做，我无力反抗母亲。

在手术台上，我哭了，哭得很伤心。那之后，强奸这件事让我真正纠结起来了。我陷在里面，痛苦、不能自拔。

我开始关注性的信息，但是，不敢接触性，不敢恋爱。

有一次，我看到一个博客上写着：一个女孩子到姑姑家做客，结果姑姑不在家，只有姑父在，女孩子的父亲命令她必须回家。

这个博主说:"这位父亲是负责的,他要把宝贵的女儿完整地交到她未来的老公手中。"

我看到这段非常气愤,什么叫完整?谁有权利决定女孩子的身体?为什么女人的身体属于她未来的老公?

> **分析** 来访者先是被一个男人伤害,又被自己的妈妈"二次伤害",同时处在歧视、伤害女性的社会性别文化中。但是,她的内心一直在反抗这种压迫,这是非常宝贵的力量。

咨询要点

1. 我非常理解您的痛苦。当年被性侵,已经是对您的一次伤害,多年后妈妈的做法是对您的二次伤害。那个博主的说法,同样使您感到愤怒。我们能看到整个社会性别文化是如何反复伤害女性的,但我欣慰的是,您对博主观点的感受是愤怒,而不是羞耻,这说明,您具有对抗这些不公正的文化的能力,许多女性做不到这一点。

2. 妈妈强迫您做"处女膜"修补术,将女性"贞操观"的概念深植于心,等于在告诉您:"你被强奸就贬值了。"我们一起回忆一下,类似的价值观是否也从其他渠道对您进行了浸透,并且被您内化?是否正因为这些内化的信息,使您不敢接触性,不敢恋爱?

3. 您当年被性侵,是父权制社会的压迫,是性侵者的错,不是您的错,您是无辜的弱者。妈妈对您的强迫,也是父权文化压迫的体现，妈妈成了父权制对女性压迫的执行者，又在家庭中对您具有绝对的权力关系。您的顺从是迫不得已，是无权者的无助，您不需要为自己的顺从自责。

4. 您已经具备一定的性别意识，知道反抗与不安，这是变革和成长的力量。但您又被旧观念压迫着，让您的内心更加纠结。您可以试着接纳这种纠结，这是成长中的必经过程。

5. 我想和您分享一些女性主义价值观。女人的身体是自己的，不属于任何人。具有性别意识的学者现在已经在用"阴道瓣"这个没有性别歧视色彩的名词来代替"处女膜"。在反思父权文化压迫的路上，您不孤单。

6. 您内化的关于女性与性的价值观，既然是父权制文化对女性的压迫，那么我们就一起讨论一下，哪些是您自己想放弃的？仔细聆听自己内心对"性"的感受，去除性的污名，正视性的欲求，坦然面对，走出禁锢。

7. 我想再次赞赏您对那个博主观点的愤怒，虽然被多次伤害，但您保持着正确的、最基本的社会性别意识，这种性别意识将是帮助您走出困境的重要力量。

8. 我还愿意推荐相关小组、同样是遭受性侵的伙伴给您，也建议您参加社会上的反性骚扰活动，或者使用阅读疗法，帮助自己完成增能赋权。

9. 从您的自述中可以看出，妈妈的社会性别意识对您构成了二次伤害。如果可能，最好动员您的妈妈也进行咨询，使妈妈改变认知和态度。如果做不到，您就只能自己变得更加强大，足以抗拒妈妈给您的压力。

案例 3

12 岁时被表哥性骚扰，24 岁她仍然无处求助

来访者：女性，24 岁

自述

我 12 岁时，父母在外打工将我寄宿在外婆家里，春节时外地的舅舅一家回家过年，我与外婆、15 岁表哥在同一张床上睡。连续几天晚上，表哥都用手指抠到我阴道里，并搅动，感觉非常疼痛。第二天下面还是疼痛，内心害怕，但我不敢跟外婆说，因为外婆一直护着表哥，重男轻女思想严重，我知道说了也没有人会站在我这边。

我给父母打电话，父母就说忙着工作，没有机会听我讲话。

这件事发生之后，我一直生活在痛苦之中。曾经因下面痒，去民营医院检查，说处女膜已经破损。我觉得自己脏了，想到这件事，就情绪崩溃，不能与人有身体接触。

现在我仍然会想到那件事，而且仍不能和家里人和解，内心充满了恨，怕以后也不能与丈夫亲密。

我想问：表哥的行为是否构成性骚扰？我如何才能从创伤中走出来？

> **分析** 在重男轻女的家庭和社会性别文化背景下，女性受害者的创伤无法疗愈，延续十多年。如果不加以妥善处理，创伤还会一直延续下去。

咨询要点

1. 我非常理解您现在的心情。对于表哥的行为，甚至对于您外婆的不公正、父母的忽视，我感到非常愤怒。我要先明确告诉您的是：表哥当年的行为确实是性骚扰，更是性侵犯。这件事因为一直没有得到很好的处理，所以您的"痛"压抑到了今天，影响了今天的正常生活，我愿意和您一起面对。

2. 您之所以被性骚扰，是不平等的社会性别文化带来的结果。您被性骚扰、被性侵不是您个人的问题，是整个社会的问题，您并不孤单。您仍然是您自己，受到性骚扰，您没有错，更没有"贬值"。

3. 您小的时候，父母外出，寄居在外婆家，外婆重男轻女，父母对您无暇顾及，所有这些都显示了家庭权力中您的无助地位。幼小年纪的您不敢对表哥说"不"；幼小的您便知道外婆重男轻女，受到骚扰也不敢告诉外婆。这不是您的软弱，您也不需要为此自责。正是不平等的社会性别文化，鼓励着性骚扰行为。

4. 从您的自述看，您很在意自己的"处女膜"破裂。我想说的是，女性的价值不体现在"处女膜"上，而且它应该叫"阴道瓣"，您没有变"脏"。您是受害者，而受害者不应该受到指责。

我们应该指责的是加害人，他才是真正"脏"的。如果未来的伴侣介意您的这段经历，便不是真的爱您，这样的伴侣可以不要。

5. 您渴望从创伤中走出来，这本身就是力量的体现。我愿意和您一起努力。

6. 您看一下自己的内心，面对这件事，有哪些情绪？如有负向情绪，请表达出来。对表哥，对外婆，对父母的恨。如果有，将内心的恨说出来。如果不说出来，创伤会一直在那里。宣泄情绪可以考虑不同的方式，我可以使用心理咨询中的空椅子技术帮您宣泄，您也可以直接对当事人表达愤怒。虽然您当年没有对外婆说表哥性侵您的事，但外婆当年对您和表哥是明显存在性别偏见的，这是您不敢求助、内心受伤的重要原因，您可以现在对外婆说出来，包括说出对她的偏见的不满。父母对您的忽视，也是您心头的伤，也可以说出来。表达愤怒，不一定用非常激烈的方式，可以用一切自己感觉舒适的方式。对表哥说出愤怒，对外婆说出不满，对父母也说出不满，要求他们向自己道歉。当然，也要做好他们不道歉的准备。如果他们不道歉，甚至进一步言语伤害您，您大可以不和他们和解。愤怒宣泄过程本身便是一种治疗，在这个过程中您可以清理积压的情绪，获得力量。

7. 宣泄掉愤怒之后，我们来找一找您的优势。您很年轻，可以开始新的生活。我愿意协助您一起规划未来，我相信在这个过程中，您一定可以逐步从创伤中走出来！

案例 4

曾被性骚扰,但她一直非常有力量

来访者:26 岁,女性。

自述

我一直没有走出中学时受性骚扰的阴影。

高一时,我来到一所新学校,旁边的男生(姑且称之为 A)摸我的手,我很害怕,赶紧躲开,不知所措。回家和妈妈说,妈妈说:"不能反抗,否则他会打你的。以后躲着他就行了。"

于是,虽然前面几次很害怕,但我不敢反抗。

男生 A 几乎每天都摸我,有时我吓得僵在那里,都不知道躲了。有一次 A 又摸我的时候,他邻座的女生狠狠地踢桌子。我想:一定是那个女生看到了,用这种方式帮我。我心里很感动。

还有一次上语文课,A 的手悄悄地摸我的腿。我又气又恼,"噌"的一下就站了起来。老师正在讲课,被吓了一跳,问我怎么了。我特别想说出真相。可是 A 在旁边不断用小声求我,一再说:"我错了,我再也不敢了,千万别说,求求你了。"我心软了,没有说什么,坐下了。老师责怪我莫名其妙地站起来,扰乱了教学秩序。

那之后,A 果然不再摸我了。但是,我再也不想去上学了。我告诉了妈妈,妈妈给我办了转学手续。这事一直没告诉爸爸。妈妈的观点是:这些属于女孩子的"私密"事,不应该让爸爸知道。

虽然转学了，但我心里的阴影一直没有消除。我觉得应该控告A，让A受到应有的处罚，让A向我道歉。结果反而是我转学了，我心有不甘，放不下。从那之后，我性格变了很多，经常暴躁地发脾气。

因为新学校不够好，所以半年后我又转回了原来的学校。

回到学校后，我更频繁地想到A，再加上转学花费了半年，学习成绩受到一定影响。这时突然出现了一个好的工作机会，爸爸就想让我休学去工作。爸爸认为我考不上大学，即使考上了，也没有什么前途。

但是，我内心非常想上大学。

爸爸很坚决，妈妈也和爸爸站在一边。爸爸在家里一直很权威。后来他要么凶我，要么不理我。没办法，我只能听他的安排退学工作了。

这份工作需要我远离家乡，一个人到外地生活。

我工作了约半年时间，感觉非常不适应。我坚决要回家继续读高中，考大学。爸爸不同意，但这次我不再听爸爸的了。我说："我一定要上大学，我要把命运掌握在自己手中。"

重新回学校念书，并不容易。当我回到曾经的高中时，我又遇到了A。A已比我高一个年级，我们的接触不多，但是，在校园里遇到的时候，A总是非常恭敬地和我打招呼。我感觉他非常尊敬我似的。但是，这有什么用呢？过去的事情并不会随时间消失。我重修了一年。这一年我学习非常努力，最终考上了自己满意的大学。

考上大学后，我离开了家乡。我觉得可以忘记这段事情了。

但是偶尔想起来,那种情绪就全涌上来。我只能拼命学习,占满时间,让自己没空去回忆旧事。

大学时,有一个男生追过我。我和他交往了几个月,发现自己并不喜欢他,便主动提出了分手。分手后,这个男生会和别的同学说我的坏话。我更感觉分得对、分得及时。

去年,我遇到了一个自己喜欢的男生,我们感情很好。但是,我一想到高中的经历,就觉得自己配不上他。我想告诉他,又不敢说,于是和男友间一直存在一个跨不过去的障碍。我只是常和他说:"和你在一起,我没有安全感。"男友总是不理解。

最终,我提出了分手。

分手对我的伤害很大,因为心情不好,我得了乳腺疾病。我用了半年时间学习心理疗愈的课程,同时治好了乳腺疾病。

我觉得自己和别人是有区别的。一想到高中的经历,我就感到愤怒,感觉自己怎么这么倒霉,碰到这样的事情。我不只恨A,更恨自己,当时应该坚决对A说"不",我无法原谅自己当年的沉默。

因为始终放不下这件事,我不知道以后是不是还会影响自己。

分析 来访者表现出来的创伤,初看是性骚扰带来的创伤,再深一层看,是来访者自责、自卑心理的影响。其实,来访者一直是有力量的,咨询应该从帮助来访者看到自己的力量着手。

> **咨询要点**

1. 这么多年前的性骚扰经历，仍然让您感到很痛苦，对您的纠缠一直持续到现在，可见它对您的伤害真的很大。我完全理解。您能够来咨询、主动寻求改变，这非常棒。

2. 您一再说"我怎么这么倒霉"。其实，并不是您多么倒霉。有人曾对上海地铁中的女性乘客进行过调查，三分之二以上的人都遇到过性骚扰。性骚扰是父权社会文化下对女性的压迫，它普遍存在。遭受性骚扰对每个人来说都是难以消除的创伤，许多人有着和您一样的经历，也都面临性骚扰长期影响心理和生活的情况。

3. 您对高一时自己的"软弱表现"非常自责，我觉得大可不必。您处于对女性不友善的社会性别文化和权力关系中，您当时的恐惧、无助，对于那个年龄的女孩子是非常常见的，您没有必要自责。其实您当时已经选择了正确的做法：向成年人、向妈妈求助。

4. 看得出来，您当年没有得到正确的支持，加重了您的自责。妈妈让您忍气吞声是错误的，为了躲避性骚扰给您转学也是错误的，这些都加重您的无助感，以及自卑心理。但这些是妈妈的错，不是您的错。在家庭的权力关系中，您只能听从妈妈的。

5. 您有必要重新认识自己，看到自己当年其实做了很多努力。除了向成人求助之外，您其实也进行了反抗，在课上突然站起来的举动，就是明确的反抗。您当时之所以没有说出真相，不是因为自己软弱，而是因为男生 A 的求情，您因为自己的善良才没有说出真相。所以，这一点您同样不应该自责，而应该欣赏自己的善良。

6. 您有必要看到自己的内在力量。您一直是非常有力量的，至少对于您那个年龄来说是非常有力量的。爸爸让您工作，您不得已顺从，不是您的软弱，而是您当时身份和处境的迫不得已。但您半年后坚决回归校园，"我要把命运掌握在自己手中"，显示了您足够有力量。

7. 您的力量还表现在，即使性骚扰事件的阴影一直伴随，但您还是能够调整好心情，考上大学，在大学期间也努力学习。大学期间的恋爱中，您保持着冷静、清醒，及时分手，说明性骚扰对您的影响没有到使您无法开展恋爱关系的地步。

8. 您的被性骚扰经历，并不会影响您的自我价值。您与最近一位男友分手的原因是您内在的自我污名。我们不妨看一看您是如何内化性污名的信息，这些信息给了您什么影响。重点是去除对性受害者的污名，遭受性骚扰不是您的错，您还是您自己，您并没有损失什么，您和别人是一样的。这些经历不影响您的爱情。当今社会中几乎所有人，都不会因为您被性骚扰的经历而对您另眼相看。您不妨直接告诉男友自己被性骚扰过，如果男友真的在意，说明他不是真的爱您，分手也没有什么遗憾的。

9. 我可以理解您做出分手决定时，有一些不舍。如果您调整好心态，去除了自我污名，就可以重新开始一段更好的恋爱。与男友分手后，您得了乳腺疾病，但您用半年时间学习心理疗愈的课程，还治好了乳腺疾病，这些都是非常了不起的。

10. 我们来仔细看看 A 和他前后的行为表现。您说需要他的道歉，从我这个旁观者的角度看，A其实已经道歉了。那个年龄的A，可能和您一样，从来没有接受过好的性教育，在青春期性萌动的时候对您有性骚扰的行为。性骚扰是不可原谅的，但这不妨碍我们理解A是没有恶意的，不是一个很坏的学生，当您在课堂上站起来的时候，他吓坏了，他当时便已经道歉了，保证再也不骚扰您了。事实上，他做到了，您提到事后他再也没有骚扰您。您重新回高中后，A对您表现得"非常恭敬"。这些，都可以说明A悔悟和改过了。所以，您想要的道歉，在当年就已经得到了。

11. 我们再来看一看，您是否还需要一个正式的道歉？如果需要，您可以找到A，痛斥他当年的行为，要求一个正式的道歉。您还可以和爸妈说出自己的感受，包括说出妈妈当年的做法带给您的影响，也向妈妈要一个道歉。即使她不给您，您也可以放下对自己的自责了。

12. 总体感觉，您对那段经历还存在许多迷思，所以才会放不下。现在我们厘清了这些迷思，希望您可以看到自己一直以来的努力和力量，继续一以贯之地追求美好的生活。

备注：

两个小时的咨询之后，来访者表示如释重负。几天思考之后，来访者觉得自己不再需要A的道歉了，也不需要和爸妈谈了。来访者认识到自己一直是对自己负责的，也是有力量的，这使她开心、自信，她对我说："受性骚扰的事，忽然感觉很遥远了，忽然觉得对我没什么影响了。"她，放下了。

6

爱而不会爱

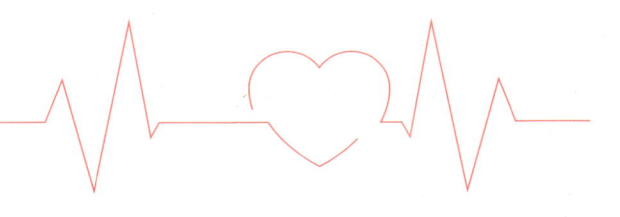

亲子关系咨询案例

亲子关系咨询的背后，需要注意来访者家庭内部的权力动态，也要去探索亲子关系问题是不是对某种家庭内部压迫的反应。咨询师在接待青少年来访者时，更要注意平等的关系，讨论社会文化如何塑造性别角色非常重要，比如青春期的女孩经常会被教导说举止不要"太男人"。

案例 1

爱而不会爱：一对父子的心结

来访者：一对父子，爸爸 42 岁，儿子（小 G）12 岁
小 G 出现厌学、经常生病、好打架、冷漠等表现。

儿子小 G 自述

我幼年很乖，却经常被爸爸打骂，妈妈是个软弱的人，我有个妹妹，比我小 2 岁。我 4 岁那年，父母离异，我和妹妹都随爸爸生活。

我天生比较胆小，爸爸对此始终不满意，经常寻找机会"历练"我。我最痛苦的记忆就是小时候父母刚离婚的时候，爸爸非但不让我去看妈妈，还不准我哭，我一哭就要挨打，爸爸一边打还一边说："你怎么这么没用？！你是男孩，哭什么哭！"我觉得爸爸一点都不爱我，老是逼我做不喜欢的事情，比如学游泳。我 6 岁那年，爸爸把我和妹妹带去游泳池，爸爸在一边耐心教妹妹，却突然猛地把我扔进水里，我在水中的感觉十分惊恐，每一次浮出水面都能看到爸爸冷漠的眼神，后来是救生员看见了把我捞起来。虽然只有短短几分钟，但实在太可怕了。后来我学会了游泳，也渐渐明白爸爸是为了让我熟悉水性，可是我始终不明白为什么爸爸那么狠心，他对妹妹不那么狠，妹妹也学会了。

我是男孩，感觉爸爸更喜欢妹妹。我有一次把零花钱省下来

给爸爸订牛奶，可爸爸不领情，说："牛奶给你妹妹喝，我们男人不需要。"我老是觉得爸爸偏心。

我和爸爸平时话很少，我觉得很孤独。妹妹可以整天黏着爸爸，而我不能，他只有在我闯了祸的时候才会对我说话——大吼大叫。唯一一次感觉到爸爸的爱是在两年前，我忽然得了急性肺炎，发高烧，爸爸在床边守了三天三夜，虽然他没说什么话，但我还是觉得很开心。

我最快乐的回忆，就是小时候在妈妈怀里，妈妈对我笑，还有爸爸让我骑在他肩上，满世界跑！

爸爸自述

我是很爱他的。平时家里最有营养的菜，我都是留给他的；我为了让他多学点东西，自己努力赚钱，节假日都不休息，帮人打零工，赚的钱给他读各种各样的课后兴趣班，可他并不领情，经常逃学。

我只有一个儿子，我把全部希望都寄托在他身上了，我希望他有出息。所以我一直对他严格要求。离婚的时候我非常痛苦，想到要带两个孩子觉得很不容易，可是孩子的抚养权是我一心争夺过来的，作为男人，怎么能让自己的孩子给别人养？前妻离开的时候，我没有眼泪，是她对不起我，我不可以让她看见我的软弱。当时，儿子哭得很凶，我一个耳光抽上去，他是我儿子！怎么可以这么婆婆妈妈！

至于他说的学游泳的事，学游泳过程中不喝两口水怎么行？

他妹妹是女孩子,当然要保护着点,男孩子呛不坏。无论如何,我都是为了他好,他长大了就明白了。养不教,父之过啊。

如果让我对他说"爱",我还真说不出口。我觉得只要待他好,他就应该知道那种话我说不出口,也许他妈妈行,可我是男人,我做不到。

> **分析**
>
> 1. 爸爸受支配型男性气质、社会性别刻板印象毒害非常深,并以这种观念来教育儿子,反而给儿子带来伤害。所以,性别敏感咨询显得非常重要。
>
> 2. 父子之间是有爱的,但爱的表达方式同样受性别刻板印象影响,阻碍了亲子间的情感互动。

对爸爸的咨询要点

1. 我理解您教育儿子的用意是好的,但您觉得达到您原本期望的效果了吗?您和儿子间的感情出现了问题,孩子还出现了厌学等情况,这些,是您以前想到过的吗?所以,可能您是好心,却没达到目的。您给了孩子很多,却不是孩子需要的。您说把全部希望寄托在孩子身上,但是,对孩子抱有不切实际的期待,也是一种伤害。您争得孩子的抚养权,是真正想为孩子好,还是为了自己的面子和权力?您不让孩子见母亲是剥夺母亲的权利,也是损害孩子的权利。

2. 我想和您一起来回顾一下,您关于儿子养育的一些观念是如何形成的。您现在觉得这些观念存在什么问题吗?您回忆一下，自己从小到大，关于男性的观念，以及"如何教养儿子"的观念，是如何一步步形成的。如对待儿子要"狠"，对待女儿要温柔。

3. 正如您看到的，您的不同性别不同养育方式的观念带来许多消极的影响，比如扔小 G 到泳池那件事，甚至差点要了孩子的性命。您可能觉得，这些观念也有积极的一面，所以您才坚持这样做，那您认为有哪些积极的效果呢？我们一起分析下，真的是积极的效果吗？您关于男孩女孩不同养育方式的观念，其实是社会性别刻板印象造成的，社会性别刻板印象是错误的，是早就过时的、不科学的。您对两个孩子的区别对待，深深伤害了小 G 的情感，也伤害着您自己，伤害着你们间的关系。所有孩子都需要被关心、呵护。

4. 关于男性的性别气质，长期以来，文化倡导的是支配型男性气质，也就是说，男人应该勇敢、刚强。可以看出来，您受这种性别气质的影响很深。但是，学术界自 20 世纪 80 年代就已经开始反思这种男性气质，认为这种男性气质伤害着男人，也伤害着女人，比如缺少正向表达温暖情感的能力。您和儿子之间的问题，就是这种男性气质造成的，是社会性别文化带来的。我们一起来回顾一下：哪些男性气质的表现是伤害小 G，伤害了亲子关系的，并且是您愿意放弃的？

5. 家庭成员之间，权力应该是平等的，即使是父母和孩子之间，也应该是平等的。我们一起来反思一下：您在家庭当中，与孩子的关系平等吗？不平等关系最重要的表现形式就是暴力，您觉得您对孩子有暴力吗？我理解您的目的是管教，但传统的暴力式"管教",不会达到正向目的,小 G 现在的情况就说明了这一点。教育界在倡导"正面管教",即不使用暴力、惩罚的方式,而是采用积极、肯定、鼓励、赞许的方式。您是否愿意改变一下今后的教养方式呢?我看得出来,您的内心对儿子充满了爱,但爱而不会爱,就是伤害。相信通过反思家庭中的权力运作,您一定可以认识到自己对儿子的权力控制造成的伤害,从而自觉地调整权力关系。

6. 推荐给您一些有关父亲与儿子间相处方式的书籍,2023 年联合国人口基金推出了一个"好丈夫好爸爸推荐书单",这里面的爸爸都是温柔细腻的爸爸。比如《我和爸爸》系列绘本、《好爸爸养育好孩子:全参与型父亲指南》等。相信通过阅读,您能够认识到男性角色、父职角色的不同一面,从而改变自己的养育方式。

7. 我们一起来制订一个放弃有害性别信息的计划吧,然后,请您开始执行这一计划。这包括针对自己的所作所为诚恳地向小 G 道歉,正式开始行为的改变,这是一个性别再社会化的过程。

8. 我还建议您拿出时间和精力,深入学习情感的表达、行为训练,提升与孩子沟通的能力。

对儿子的咨询要点

1. 我非常理解你内心对爸爸的感情。他的养育方式给你带来伤害,你对他既爱又恨。爱他这个人,恨他的暴力行为。你这样的情绪和情感是非常正常的。爸爸给你的压力,进一步导致你出现厌学、暴力的情况,这也是正常的,很多和你有同样经历的孩子都会这样。你不是孤单的。

2. 正像我前面和你爸爸说过的,他的做法是受社会性别刻板印象影响,而社会性别刻板印象是错误的、有害的,他用这样的方式对待你,是他的错。

3. 我也希望你看到爸爸的内心世界,了解和理解爸爸是如何被支配型男性气质这一错误的、有害的性别文化建构的。他虽然错了,但他也是无知的受害者,是社会性别刻板印象的受害者,他从小学习了应该这样对待儿子,他不知道还有其他对待儿子的方式。爸爸对你有爱,但因为观念错误,所以缺少了爱的能力,反而给你带来伤害。同样,爸爸也是受害者。现在他愿意和你一起来做咨询,说明他认识到自己错了,也想改变。这是好事。我们可以给他机会。

4. 让我们一起来监督爸爸,推动他改变。我也希望你能够更准确、坚定地对爸爸表达自己的想法。同时,学习和爸爸沟通的技能。

5. 虽然你现在出现厌学、暴力等问题,但我知道,这都不是你的错,而是受错误的教养方式伤害的结果。我愿意和你一起来逐一清除这些伤害带给你的阴影,帮助你一步步走出创伤。

6. 社会性别刻板印象对男性和女性都有束缚和伤害,我们自己要自觉地拒绝和挑战这种刻板印象,未来成长过程中可以抵制性别刻板印象的伤害。

7. 如果爸爸不改变怎么办?我们不能因为别人的错误,影响自己的人生,是不是?所以,即使爸爸不改变,你也要过好自己的人生。你成年之后会离开爸爸生活。你只有12岁,一切从头开始都来得及。让我们一起来看看:你有哪些优点?有哪些优势?你希望自己十年之后成为一个什么样的人?一定要规划好自己的生活,从现在开始,努力创造自己幸福的未来。

案例 2

被妈妈逼着学了理科的大学生

来访者：男性，19 岁，大二学生，抑郁状态

自述

我觉得人生没有希望，自己得不到自己想要的未来，不想读书，自杀未遂一次。

我一直比较内向，比较安静，从小喜欢一个人看书、画画、写文章，而且文笔很好，多次在各类比赛获奖。可是我偏科，理科很不好，没兴趣学，不喜欢运动，朋友也不多。我从小的理想是做语文老师，我喜欢和小朋友在一起，喜欢写点自己的文字，安安静静地生活。

我的父母都是高级知识分子，从小对我期望很高，我的性格和爸爸比较像。妈妈很能干，性格外向。我们家虽然男人多，但基本是"母系社会"。从小，妈妈对我的学业要求很严格，事事都为我做主、操心，我也一直很听话，可是，对于未来的规划，我和我妈始终调和不了。妈妈曾经撕了我的小说，替我报了很多理科课外班。我当时虽然心里很不舒服，但没有太多反抗，因为我觉得：妈妈是为我好，考大学，文理都要好，不能偏科。

到了填报高考志愿的时候，我和妈妈产生了剧烈冲突。我觉得高考是决定人生道路的大事，自己终于可以按照自己喜欢的道

路走下去，终于可以远离自己不喜欢的理工科。于是，我执意选择各类师范院校的中文专业。而妈妈不同意，说："男孩子，读师范，读中文，多没出息。有句话：学好数理化，走遍天下都不怕！你读中文有什么用？整天只知道写东西，有用吗？男孩子，应该学点实在的，学点本事，才不慌。"我们谁也说服不了谁，最后，我偷偷按照自己的意愿填报了志愿，本以为生米煮成熟饭，没想到，妈妈跑到学校，给我改了志愿。

放榜后，我被一所重点大学的机械制造专业录取，我因此和家里大闹一场，不想上学。最后，在父母的苦口婆心下，我还是来到学校。可是，我一直念不好书，成绩直线下降，出现四门不及格，险些被劝退。大二以后，我更加消沉，觉得自己挺努力的，但因为不喜欢，入不了门。

我的家庭虽然看上去条件很不错，可父母关系也不和谐。他们两人在事业上都不错，爸爸是社科院搞哲学的，妈妈是法学院的老师，还兼职做律师，收入比爸爸高。妈妈经常拿爸爸给我做反面教材："你看看你爸爸，做到教授才这点收入，什么哲学啊，社会学啊，有什么用？还不是我赚得更多？男人，要搞实业，搞虚的没用！"爸爸在家里很少说话，对于我填报志愿的事情，倒是和妈妈站在同一战线："我希望儿子今后不要像我，做个没用的老先生，男孩子要能干一点，最好像他妈妈。"

面对学业上的倒退，我觉得对不起父母，可是对于自己的人生，更觉得没希望，很无奈。

分析

1. 来访者的困境，表面上看是妈妈的控制使然，背后则是妈妈的社会性别刻板印象，以及她信奉的支配型男性气质的毒害。

2. 这是一个适合家庭咨询的案例，最好是家庭成员都参与到咨询中，特别是妈妈和儿子。咨询师可以试着让妈妈也来咨询，虽然可以预见这非常困难。在这里，笔者也将针对妈妈、爸爸写出咨询要点。

3. 在现实的咨询中，要推动母子、夫妻、父子之间情感和观念的沟通，打破彼此间现存的壁垒。这是一个多方互动的过程，但是，正如在前言中写到的，为了读者阅读的方便，本书只能简单地逐条列出咨询要点。

对来访者的咨询要点

1. 我非常理解您的感受。每个人都有自己热爱的专业和职业，如果不让我们从事，就会很痛苦。而如果被逼着做自己不喜欢、不擅长的事，就更痛苦了。

2. 您提到自己有过自杀行为，所以我们要对您当前的抑郁状态和自杀风险进行评估，必要的话进行危机干预，或请您接受精神科治疗。

3. 您现在的困境，表面上看是妈妈的干预带来的，背后更深层的原因，是社会文化，特别是社会性别文化的影响造成的。每个人的个人身份与社会身份是相互依存的，社会性别文化中对男性的角色要求（如应该从事理科、赚大钱等）是您当前处境的背景；您原生家庭中的权力动力关系也起着重要的作用，妈妈的控制行为是权力关系运作的结果。您是社会性别文化的受害者；另一方面，妈妈的执念是她成长过程中形成的，可以看出她也缺乏安全感。了解这些，有助于我们更好理解妈妈的做法，但并不是为了赞同她的做法。

4. 您现在的专业课学习成绩差是不应该受到谴责的，这是正常、自然的；换个角度，从女性主义咨询的视角看，您现在的抑郁状态也是您面对压迫的一种反抗。

5. 您选择自己喜欢的专业的权利是被剥夺的。但您已经成人了，有权利决定自己的专业和兴趣，应该把人生放到自己手中。

6. 我们一起来挖掘您的优势吧，比如您还年轻，一切都可以重新选择，从头再来。我们一起看看未来行动的可能性，比如重新读大学，重新选择专业，或者先毕业再选择自己喜欢并适合的职业。我们一起分析每一种选择的优点和风险，比如妈妈继续阻挡，您自己没有经济能力实现计划，等等。在这个过程中，我们努力找出最切实可行的方案，帮助您做出选择，并且付诸实施。

7. 我愿意指导您掌握一些技能，学习在和妈妈的互动中掌握自己生命的主导权。您可以回顾与妈妈交往中的成功经验，学习自信的肢体语言和言语，用自信的状态去和妈妈交流，要求自己的权利。

对来访者妈妈的咨询要点

1. 我理解您出于对儿子未来前途的考虑,对他的专业选择进行的干预,您这样做的出发点都是为了他好。社会中的现实告诉我们,过去多数情况下,您的选择可能真的有助于孩子未来生活更"成功"和"富足"。但在今天的社会,情况已经发生了很大的变化。

2. 您关于男性应该从事什么职业的想法是如何形成的?我愿意陪您一起来探索您内心深处的社会性别刻板印象,如男性要学习理科、男性要赚钱多等,这种性别刻板印象不仅剥夺了儿子选择自己生活的权利,剥夺了他的快乐,也伤害了您和儿子、和丈夫的关系,影响了家庭的幸福和谐。

3. 您也看到了,强加的选择给孩子带来了很大的伤害,不仅影响了他的专业学习,甚至还危害到了他的健康和生命。也就是说,您对儿子的控制行为不仅使儿子学业困难,而且已经给儿子带来了抑郁症和自杀风险。

4. 我理解您是爱孩子的。爱孩子,就要给他们自己想要的生活,尊重他们对自己人生做出的选择。没有最好的生活方式,只有适合自己的生活方式。适合自己的、自己喜欢的生活方式,才是快乐、幸福的源泉。毕竟,孩子的生活是他的,不是您的。

5. 您觉得职业兴趣对一个人的学业和事业的影响有多大?您是否认可现在孩子的处境是因为不得已学习自己不喜欢、不擅长的专业造成的?如果您认可,就要立即采取行动了。

6. 现在我们来探讨一下如何改变,包括改变您对丈夫和儿子的态度，尊重他们自己选择的人生。一般来说，控制欲强，往往和安全感不足有关，您的成长经历中，有哪些事影响了您的安全感？您经常拿爸爸给孩子做反面教材，您想过这会给孩子带来哪些影响？可能会让孩子瞧不起父亲，不尊重自己的生命来源，也就会贬低自己，变得自卑。不和谐的父母关系，会让孩子缺乏安全感，内心分裂、情绪低落。

对来访者爸爸的咨询要点

1. 虽然您的儿子说，您在涉及他的专业选择上，是站在他妈妈的立场上的。但是，我还是希望听到您自己说出您的想法。您是否真的完全支持妈妈？如果支持，是基于什么样的考虑？如果不支持，为什么选择沉默？

2. 您的儿子说，您对自己的处境是不满意的。这是否是您的真实想法？如果有机会让您重新选择，您是否会换一个专业，换一种生活方式？

3. 您觉得经济收入、家庭地位等与职业选择、个人兴趣，是什么样的关系？

4. 在您的家庭中，看起来孩子的妈妈更有权力。您觉得家庭中的权力关系是平衡的吗？它给家庭中的人际关系带来什么影响？您怎么看待妈妈对孩子的控制？您怎么看待孩子的抑郁与自杀行为？

5. 作为父亲，您可以思考如何更好地帮助儿子成长，促进三口之家的和谐幸福。

案例 3

妈妈这样羞辱我，我该怎么办？

来访者：女性，21 岁，大三学生

自述

寒假的时候，男朋友来我家找我。多日没见，我见到他一激动，就跟他拥抱了。他握着我的手，因为天气冷又揉了揉我的耳朵。结果这场面被我妈看到了。男朋友走后，我妈说我不检点，丢了她的脸，还责怪男朋友摸我脸我都不知道拒绝。

我妈就这样一直骂我，我觉得很羞辱。我不能理解我妈，我不知道自己到底哪里错了。

是我错了，还是我妈太"封建"了？

分析

1. 事件背后，是两代人价值观的差异。

2. 理论上来说，应该给妈妈进行性别意识分析，认识到自己过时的偏见。但是，来访者是女儿，妈妈肯定不会来咨询，所以要弥合代际的鸿沟，是非常困难的。咨询的方向，只能是来访者的情绪舒缓，与寻找沟通技巧。

咨询要点

1. 我理解您的愤怒与羞辱，您在自己家中，与重逢男友有限的亲密举动，无可厚非，您没有任何错。妈妈对您的态度确实"不好理解"。

2. 显然妈妈在家庭中更有权力，她的"骂"是她的情绪与家庭中的权力位置使然，并不等于她真的要"羞辱"您。她对您的指责虽然是不对的，却是妈妈的"正常表现"。妈妈对您的做法，是她身处其中的父权文化造成的，这种性别文化对女性提出了许多身体规范，实际上是压迫女性的。妈妈是这种性别文化的执行者，也是将这文化内化了的受害者。您应该肯定自己的做法，不让那些传统社会性别角色的信息影响自己。

3. 妈妈的行为，除了因为她受文化影响太保守，也可能是那个场景让她感觉很尴尬。当然，感觉尴尬还是因为妈妈思想保守。妈妈可能觉得您与男友亲密互动时，没有把她放在眼里，尴尬之外又增加一种不被尊重的感觉。还有一种可能：妈妈担心女儿"受害"，许多女孩子的父母潜意识里都希望自己的女儿是"贞洁烈女"，把男人推得远远的。

4. 建议您换位思考，正向思维，理解彼此的感受，就会避免许多伤害亲情的想法和做法。

5. 类似情境，您可以说："我知道您一定是非常担心我被男生伤害吧，您是怕我吃亏吧？"您这样说的时候，妈妈一定会说"是"。她知道你懂她了，知道你看到了她的担心，有助于你们改善关系。您也可以进一步了解妈妈的具体想法，有针对性地解释，表达自己的想法。

6. 我的另外一个担心是，妈妈的"骂"透露出一种家庭暴力的倾向，属于精神暴力。所以，我想和您一起回顾一下您和妈妈平时的互动模式，看一看有没有家庭暴力的存在。如果有，我们一起讨论如何面对。这包括努力促成家庭中权力关系的平等。继续维持自己的权利，同时也通过排练发展自信的技能，以便对妈妈自信地说出自己的声音。

案例 4

缺失的爸爸，严厉的妈妈，
中风的外公

来访者，女性，17 岁，高二学生。

自述

  我是独生女，自幼体弱多病，性格内向，家人在生活上给我很多照顾。父亲一直在外地工作，无暇照顾家人。因此，我自幼与外公、外婆及母亲一起生活，家庭经济条件比较优越。母亲是大学教授，性格较内向，有时遇事急躁，主要精力放在照顾我身上。我自幼与外公感情深厚，一向依赖外公，外公对我很宠爱。因家人常说"父亲是不能打扰的"，故近两年我与父亲交流少了。我一直认为母亲对我很严厉，管得太多，母亲不理解我，我经常和母亲争吵。

  上个月，外公突然中风。我看到外公行动不便、不能说话，很着急。我和外公外婆感情深厚，外公患病后我很担心，经常问妈妈外公是否会死，如果外公死了，以后就没人管我了。我心情越来越差，心烦、郁闷、紧张，尤其怕见外公，担心自己见到外公时，会控制不住情绪大哭。有时我会无原因地哭泣，爱发脾气，晚上睡不着觉，经常做噩梦，白天注意力不能集中，上课老走神，不知道老师在讲什么。虽然还能坚持上学，但学习成绩有所下降。因为担心自己有心理问题，所以要求母亲带我来咨询，寻求帮助。

分析

1. 表面看来，是因为外公可能去世引发焦虑，却暴露出来访者情感支持系统的欠缺。在我们的社会性别文化中，对于男人来讲，事业是重要的，成功是重要的。身为事务缠身的父亲，很少回家是不受谴责的，甚至是受到文化褒奖的，他对于家庭责任的缺失无人计较，仿佛对于公共责任的承担可以抵消一切。这其实是强调"男主外"的思维模式的影响。男人在家庭中的责任和义务被低估了。

2. 在缺少父亲的环境中，原本社会性别文化中鼓励扮演慈母角色的母亲，又简单地处理了父亲缺失情境中的问题，扮演着"严父"，使女儿更加感受情感的孤独，只有外公是可以依靠的。

3. 此案例的解决，应该同时从父母那里入手，让父亲更多承担家庭角色，也让母亲更多理解进入青春期的孩子，和孩子进行有效的沟通。弥补父母角色缺失带来的问题。

对来访者的咨询要点

1. 您主动要求来做心理咨询，说明您非常有心理健康意识，这非常好。我理解您现在很难受、很担心。您自幼与外公生活在一起，外公对您格外宠爱，一直是您的依靠，当外公生病时，激发了您对外公可能去世的不安，担心没有依靠使您恐惧，产生抑郁焦虑情绪等症状。

2. 丧失、离别、死亡，是我们每个人都要不断面对的话题。我们必须学会不断面临亲人的死亡。事实上，您的外公目前还活着，您可以继续做他的好外孙女，充分享受和他在一起的每一天，那样即使他真的要离去时，您的遗憾也会少些。有一种说法是，如果我们一直记住那个人，他就没有死，就还活在这个世界上。将来的某天，您可以按他期许的样子生活，在心中怀念他。

3. 但我更想和您讨论外公之外的话题，我想这些话题与您现在因为外公中风而引起的心理焦虑是有关的。您提到，很少见到爸爸，这让我看到了在您的成长过程中父亲角色的缺失。您对于父亲角色缺失，有什么感受和想法？我感觉，外公事件背后，是父母角色，特别是父亲角色缺失造成的影响。在您家庭中，父亲是一个权威的形象，他很少和家人在一起，偶尔回来见到您，您也被告知"父亲是不能打扰的"，当您被告知"父亲是不能打扰的"时，您是什么想法？在我看来，这阻断了您的一个情感通路。如果外公不在了，您原本的情感通路就又少了一个。某种意义上，外公代替了您的父亲。

4. 您认为自己和母亲间存在的主要问题是什么？父亲角色的缺席，母亲主动扮演了父母兼具的角色，她对您的要求非常严厉，可能与她觉得没有父亲在一旁教养您，她就必须承担重任有关。进入青春期之后，您渴望独立，而母亲仍然用对待小孩子的控制的方式对待您，您当然会非常不满意，你们间的冲突便加剧了。您会觉得母亲不理解您，而母亲会觉得您出了问题。这一背景下，宠爱您的外公生病，更让您感到恐慌，因为那个最呵护你、最支持你、最懂你的人,可能要离去了。

5. 青春期原本就敏感,您又说自己"性格内向",正是在社会和心理因素的交互作用下,外公的中风加重了您的负面感受,给您带来精神痛苦。您潜意识中可能觉得:如果外公不在,自己就成了"没爹没娘"的孩子,天就要塌下来了,因此产生了焦虑抑郁的情绪。

6. 事情的解决,需要您调整一些认知,您的父母也需要做出改变。您是否愿意坦率地说出对父母的看法,说出您对他们的期待?后面我会给您的母亲,甚至父亲进行咨询,推动他们承担责任,特别是妈妈要尊重青春期孩子的心理特点,与您平等交流和沟通。您也要相信,爸妈是爱您的,他们只是不知道怎么做更好,相信在咨询后他们可以改变许多。另外,您已经17岁了,即将成年,您也要逐步树立独立意识,即使这个世界上没有人爱您了,您也可以爱自己,也一样可以过得健康快乐。

对来访者母亲的咨询要点

1. 从孩子的表述中,我了解到您非常不容易,这么多年既当爹又当妈,而且和老人生活一起,可能也会有许多困难吧,我能想到您许多时候身心俱疲。孩子能够意识到您对她的爱,您应该也很欣慰吧。虽然她会因为您的一些管教方式产生冲突,但我相信这些都是可以解决的。

2. 孩子有死亡焦虑是正常的,在目前情况下,您可以给孩子进行一些生命与死亡的相关教育。正如我刚才和孩子分析的,她现在的心理问题，表面看是外公中风带来的，其实背后是原生家庭中亲子关系多年积累的问题。您带孩子来咨询，一定也是对她的现状很担心，希望帮助她尽快好起来。心理学界有一种说法："孩子的问题，都是父母的问题。"所以，帮助孩子改变，父母要先从自己做起。

3. 我首先想请您思考：您和女儿的相处模式，对孩子有哪些影响？孩子进入青春期之后，您有哪些教养方式的改变？您认为在女儿的成长过程中，父亲起了哪些作用？您觉得父亲为了工作而错过女儿的成长阶段，对女儿、对父亲分别又有哪些影响？

4. 在您思考之后，我希望我们达成这样的共识：孩子进入青春期，个体意识增强，觉得自己是个大人了，父母不能够再用小时候那样的管教方式来对待她了，一定要把她当作平等的大人来看待。青春期的孩子敏感、情绪易波动，父母也要理解和尊重孩子这些发展中的特点，才能够更好地和他们相处，也才能够更好地影响他们。您对女儿"很严厉，管得太多"，这是不适宜的，使她情绪长期不能宣泄，造成过分压抑。现在她表现出来的症状，某种意义上可以理解为对家庭压迫的一种反抗。她请您带她来咨询，很可能也是希望您能学习新的教养方式，做出改变。我也建议您阅读一些关于青春期教养的书，学习更好的养育之道。

5. 从我前面对女儿的分析中，您一定也意识到了，我认为父亲的缺失，同样是她目前症状的重要原因。我理解父亲工作繁忙，但是，家庭责任还是要尽量承担，特别是在女儿这个敏感的青春期。男人只有事业成功是不够的，和孩子一起长大，和家庭一起分享美好时光，同样是男人生命中缺失了就无法再找回来的珍贵经历。我们不应该因公废私，我们完全应该有智慧找到更好的协调方式。总之，对于女儿和父亲来说，他们经常在一起，对双方都是有好处的，都是非常重要的。

6. 建议您可以和丈夫、孩子一起讨论一下：有没有什么办法，可以让孩子更多地见到父亲？比如，通过手机、电脑能有更多的沟通？

7. 孩子已经出现了一些症状，建议您及时采取改变的行动，同时关注孩子的心理健康，必要时就医。

案例 5

有多少母女在相爱相杀

来访者：女性，30 岁

自述

　　我还没有结婚，和妈妈住在一起。我爸爸在我 10 岁那年就去世了，所以，我和妈妈可以说是相依为命。这本来应该是幸福快乐的母女关系，却被我们演绎成一场相爱相杀的亲情闹剧，而且这闹剧似乎永无结束之日。

　　我妈对我有强烈的控制欲，从小到大一直是。现在我 30 岁了，她对我的方式，和我 3 岁、13 岁时，一模一样。

　　吵架的原因都是一些无足轻重的小事，真让我回忆，我又说不出实际的例子。有时就是一句话不对付，她就对我又哭又闹。总之我得哄着她，一切都要按她的意愿办，不能说一句和她意见不一致的话，更不能反对她，我不知道哪句话就让她生气，这样活得特别累。

　　我和我妈三天一小吵，五天一大吵，吵架时什么狠话都能说，弄得我非常伤心。有时候和她吵得厉害了，我都不想活了，经常有轻生的想法，想一死了之来摆脱她。她却什么事都没有，骂过了，狠话说完了，像什么都没发生似的。

　　我其实不会真的自杀。我担心自己自杀了，我妈会伤心，留下我妈一个人生活，挺难的。

现在的一个最重要的矛盾点，就是她对我的婚恋进行控制。我大学时谈过一个男朋友，她嫌人家家庭条件不好，生生把我们拆散了。她从各种渠道给我介绍男朋友，但我看中的，她都看不上；她看上的，我都看不中。所以，一直没有结果。

两年前，我和单位的一位男同事恋爱了。这次，我妈还是嫌人家穷，只是一个普通的公司职员。她一定让我找个"官二代"或者"富二代"，她也不看看自己女儿什么条件，我都不做这样的奢望。

我妈就一个劲儿地破坏我和同事男友的关系，甚至让我辞职离开。但我在这家公司工作得很愉快。我就骗她，说男友离开公司了。她居然给我公司打电话求证，结果就穿帮了。为这事，我和她又大吵了一架。

现在，我就瞒她，说我已经和这个男友吵翻，不再相爱了。我妈不放心，对我各种监视、控制。所以，我只能像做贼似的和男朋友约会。

我和现在这个男友吵架倒也是真的。我觉得我和我妈挺像的，情绪不稳定，容易生气、暴怒，稍微有不满意的事，我就把情绪宣泄在我男友身上。这样对他不公平，他也想到分手，但还爱着我，所以又分不开。分不开，可是总吵架，这一点同我和我妈的关系挺像的。我对男友有频繁和强烈的训斥、指责，就像我妈对我总是训斥和指责一样，但我和男友，我和我妈，都分不开。

我被我妈搞得，对婚姻看不到希望，对组建家庭也没有信心。我就对她说，我不想结婚，不想生孩子。她又不干，觉得我这是心理问题，带我来咨询解决这个问题，快些结婚生孩子，她想要抱外孙。

我想过独立生活，现在和我妈住一起，受她监视，我出入不自由，每天要听她絮叨。我一提出来分家，我妈就大哭，说我抛弃她，各种道德绑架、道德谴责，声称如果我走，她就不活了。我就不敢再提，怕她出现心理问题，怕她真的不活了。

我也30岁了，到了独立生活、自由恋爱的年龄了，却要照顾我妈，防止我妈因为太孤独而出现心理问题，连出去约会都有负罪感。但在我妈看来，是我特别依赖她，特别让她操心。

我听到一种说法，天下的母女都是相爱相杀的。我该怎么走出我妈的控制呢？

分析

母女双方都有长期形成的问题，不要期望短期内解决或者完美解决。可以从女儿这方面入手。

咨询建议

1. 我理解您的烦恼。母亲像控制小孩子一样控制您，您想要自由的生活，又不忍放下母亲不管。看得出来您很爱母亲。

2. 我们来一起探讨一些问题，以便我们能更好地看到母女关系中的真相。您提到，虽然和妈妈总吵架，但分不开，除了您提到的要照顾她、关心她的心理健康，还有她对您的道德绑架，您觉得还有其他什么使你们无法分开的理由吗？您妈妈说，您对她特别依赖，她基于哪些情况说您对她特别依赖？您觉得她说的这些有道理吗？您觉得自己是否真的对她有依赖呢？如果有，这种依赖对您的生活是有正面影响，还是有负面影响？

3. 妈妈对您恋爱与婚姻的控制，表面是价值观的不同，您觉得还有其他因素吗？您提到相亲的时候，对同一个人的态度，您和妈妈总是不一样，您觉得是否可能是你们潜意识中要对抗的结果？

4. 在我看来，您和母亲之间的关系中存在着暴力。从您的表述看，像是她对您施暴，比如行为控制、精神暴力等。我们前面讨论家庭暴力的案例中，便介绍过，暴力是具有传承性的。所以，您在和男友的关系中，复制了您和母亲相处的暴力模式。

5. 您和母亲之间形成了一种长期以来惯有的依恋模式，改变起来比较困难。影响母亲做出改变更难。既然是您来咨询，也许我们就可以一起思考从您这里改变的可能性和方法。

6. 首先您要思考和妈妈的关系。您觉得什么样的相处模式，对您和妈妈是好的呢？现在这个样子，真的对她好吗？真的对您自己好吗？这些思考，有助于决定是否要改变。对于妈妈的控制，您是否真的做出过反抗？反抗在遇到妈妈的抵制后，您是否坚持反抗，还是轻易就妥协和放弃了？这些思考，有助于您决定改变之后要采取的行动。您对独立生活的看法，也是会影响您改变的行动。如果您把独立生活当作对妈妈的背叛，当作不爱妈妈的行为，您在独立生活时就充满内疚，就难以真正地独立生活。如果您担心妈妈一个人过不好自己的生活，也会让您难以独立生活。

7. 如果您决定改变，我们一起来看一看，有哪些方面需要改变。从您的自述中，似乎至少有两个方面要改变：您和母亲的分离，居住的分离，以及相互依赖（或者称之为禁锢）的分离；您和暴力的分离，认清暴力的实质和危害，学着放弃暴力行为，通过进一步的咨询和学习实现自我成长。在自己这里中断了暴力传承，才可能改变和男友的关系。否则，即使未来结婚生子，暴力也将破坏您的亲密关系，还可能传递给孩子。

8. 如果可能，我也想听听您妈妈的看法。在她没有来咨询的情况下，我想您也许可以帮助她思考：什么才是自己晚年快乐生活的源泉？她有哪些想做的事情，有哪些想实现的梦想吗？她是否可以专注于自己的事情，而将女儿的事情交还给女儿呢？

9. 您已经成年，应该可以为自己的生活负责。如果您母亲拒绝改变，您就要自己努力改变。可能没有办法立即彻底改变，但建议你们扩大彼此的空间，从点滴的改变做起。

7

全过程记录专题

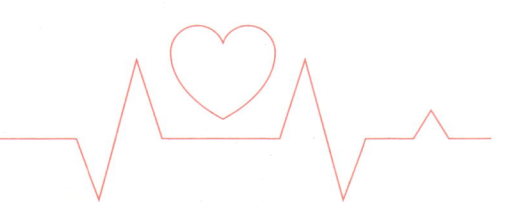

与本书中多数案例的写法不同，本专题中的案例，我们不只提供咨询思路，还呈现了咨询师咨询的全过程，因为咨询师与来访者的互动过程非常重要，也非常值得参考。读者可以阅读将这些案例与其他案例对比阅读，更好领会咨询的过程。

案例 1

丈夫割脉自杀

来访者：一对夫妻，均三十七八岁

自述

来访夫妻正面临婚姻危机。几天前丈夫提出离婚，他们当天平静、"友好"、顺利地达成了离婚协议。但是，转天，丈夫竟割脉自杀。妻子发现得及时，抢救了过来。为了挽救丈夫，妻子提出做咨询，丈夫同意了。

夫妻俩结婚六年，儿子四岁；丈夫是二婚，妻子婚前谈过恋爱，有过性关系；丈夫是县政府的公务员，妻子结婚那年开了一家餐饮公司，收入颇丰，是丈夫收入的几倍，甚至十几倍。

分析

1. 伴侣关系咨询，最理想的状态就是伴侣双方都参与到咨询中。但男性通常不愿意做咨询。在这个案例中，男性来到咨询室，是一个好的开始。

2. 可以看得出来，这对来访夫妻的现状背后，有着非常复杂的情况，需要了解他们婚姻的整体状况。为了更好地还原真相，咨询师先对妻子和丈夫分别进行了单独咨询，最后再到一起进行共同咨询。

咨询过程

1. 倾听妻子对丈夫的看法

咨询师请妻子说出她对丈夫和婚姻的看法，她列出了四点：1.丈夫对家庭没有责任心；2.两人性生活不和谐；3.丈夫没有冒险精神；4.丈夫太脆弱，动不动就想死。

咨询师请妻子逐一解释。

"丈夫对家庭没有责任心。"妻子说。两人在谈恋爱的时候，丈夫还是不错的，也知道关心她、心疼她，回家也做饭、做家务。但是，现在完全不一样了。

丈夫的工作是"早八晚五"，非常规律，而妻子做生意很辛苦，没早没晚的，经常夜里一两点回家。但是，丈夫从来不帮她一把，包括带孩子。儿子不愿意一个人待着，就总是在妈妈经营的餐厅跟着妈妈，通常都是待到晚上十一二点的时候，儿子就在餐厅里睡着了。这对孩子的健康非常不好，所以妻子总是和丈夫吵架，让他多承担责任，但他理也不理。

妻子说，感觉不到丈夫的温情。她讲了一个例子。她非常胆小，夜里起夜都想让丈夫陪，但丈夫不陪她。有一天丈夫还告诉她说，他看到自己死去的祖母在卫生间梳头呢，妻子便更加恐惧。后来一想，怀疑是丈夫存心吓唬她，这让她更生气。

"两人性生活不和谐。"妻子说。现在两人几乎没有性生活，至多两三个月有一次，甚至更少。而且质量非常差，刚开始一会儿，丈夫就不行了。而在恋爱时，两人的性生活是挺不错的。为什么会有这样的变化呢，夫妻两人其实早有分析。

妻子告诉咨询师，婚后不久，有一天丈夫和同事聊天，同事聊到外国人的性能力都特别强，能够把女人搞得几天下不了床。丈夫听了，就受不了了。因为妻子此前曾交过一个外国男朋友，而且有过性关系。那之后，丈夫脑子里就总会想起她和前男友做爱的情景，而且总是问她。比如：她和外国男友是怎么做爱的，外国男友是不是性能力很强，她的感受如何。她也如实相告：同和他做爱相比，各方面都没有什么差别。但是，丈夫显然不相信，总放不下，因此非常痛苦，甚至发展到每天做梦都梦到她和前男友做爱，丈夫那痛苦的感觉真是生不如死。妻子和咨询师说："他可能是在性上很自卑吧，所以就做不好了。"

咨询师问这位妻子，她和外国前男友做爱，到底感受如何。她说："真的和跟丈夫做爱没什么差别。但是，我这样讲给他，他就是不信。"

妻子又说，现在偶尔的几次性生活，丈夫也完全不知道体贴她，"很粗鲁"，她身体还没有被唤起就插入了，弄得她非常不舒服。所以，她对于和丈夫做爱也完全没有兴趣。但是，又很向往美好的性爱。咨询师问她，她性幻想时的内容是什么。她说，是和一个喜欢的男人做爱，用"正常"的方式，没有什么特别的地方。

"丈夫没有冒险精神。"妻子说。她刚开餐厅的时候，让丈夫找朋友借钱，他非常紧张，怕她赔钱，反对借钱，反对开餐厅。后来虽然他还是帮着借钱了，餐厅也开了，但生意不好时，他总对她发脾气；生意好了，他就开心地顺着她。她曾对他说："你怎么这么势利呀！"前不久要买房，分期付款，让他借钱；还有买车时，也让他帮着借钱，周转一下，他都非常不愿意。"他就想稳稳当当的，承受不了压力，不敢冒险。"妻子说。她还说，有时两人走街上碰到他的领导，他就点头哈腰的，这让她非常看不起。

"丈夫太脆弱，动不动就想死。"妻子说。丈夫闹自杀可不是一次两次了。去年有一次，丈夫下班回家就坐那里叹气，说："活着真没意思。"她问他怎么了，他又不说。她问："是不是在单位没提职称不开心呀？"他不说话。问他："是不是和同事闹别扭了？"他还是不说话。妻子对咨询师说："一个男子汉大丈夫，动不动就自杀，也太脆弱了吧？！"

在妻子说完上面这些之后，咨询师又和她讨论了一些通常会影响到婚姻关系的因素，比如她和婆婆的关系。妻子说，公公很早就去世了，婆婆一个人住在农村。曾经接来一起住，但生活习惯不一样，婆婆非常不讲卫生。比如做菜，从来不洗，炒好的菠菜端上来，菠菜根部还都是泥呢，她就边吃边挑出来扔到桌子上。有一次婆媳二人吵架，婆婆一边骂一边哭，丈夫一句不发，起身躲出去了。后来婆婆不开心，就回老家了。丈夫多次说要再接来，婆婆不来，妻子说："接来可以，但她什么也不要做，就待着。"丈夫说："那等于侮辱她。"后来就一直没接来。

2. 倾听丈夫对妻子的不满

在同妻子谈过后，咨询师同丈夫单独谈话。

咨询师请丈夫在纸上列下对妻子和婚姻的看法，他写了三点：1. 妻子总是乱花钱；2. 妻子做家务少，几乎不做；3. 妻子不注重自我形象。

咨询师请丈夫逐条解释。

"妻子总是乱花钱。"丈夫说。妻子花钱从来没有计划，属于"月光族"，身上有一元钱也要把它花掉才开心。他说她是"购物狂"，她说自己"最多算是冲动型购物"。比如有一次，妻子出差，逛商场时买了六七万元的衣服，托运回家。但回家后就不喜欢了，陆续都送人了。他和妻子说这事，她还非常烦，会说："钱是我赚的，我愿意怎么花就怎么花。"丈夫对此非常生气。他说："家里在还房贷，在还车贷，还向朋友借了钱，她却都不当回事，赚多少花多少。"

"妻子做家务少，几乎不做。"丈夫说。妻子"非常懒"，几乎完全不做家务。考虑到妻子前面和咨询师说过，丈夫不做家务，所以咨询师问他："那您做家务吗？"他说："我不爱做。"咨询师又问："那谁做呢？"他说："我们雇了保姆。"

咨询师和丈夫讨论：妻子工作很忙，每天深夜才回家，她没有时间和精力做家务是正常的，而且已经雇人做了，问题也解决了，为什么他还会因为"做家务少"而生妻子的气呢？丈夫经咨询师这样一问，有些底气不足，说："我总觉得，在外面做得再好，回家也该做贤妻良母。作为贤妻良母，要做家务。"

"妻子不注重自我形象。"丈夫说。有一次妻子去单位找他，碰巧让领导看到了，转过天来，领导和他说："你应该让你妻子注意一下形象，不要穿得那么邋遢。"那天妻子是穿着旧T恤、短裤、拖鞋去县政府的。丈夫回家和妻子说，妻子非常生气，说："我就这样，怎么了！"

咨询师注意到，丈夫讲的三点中回避了性，而妻子的谈话透露，性上的纠结对于丈夫来说很重要。

鉴于妻子曾告诉咨询师,她对丈夫的那些不满,都直接对丈夫说过。所以,咨询师同丈夫就妻子对他的四点不满展开交流。

针对妻子说他对家庭没有责任心,丈夫说:"如果说我对家庭没有责任心,我的同事没有一个会相信。我历年都是优秀员工,做事最有责任心。对家庭也一样有。"咨询师举例说,妻子讲他不带孩子,孩子每天晚上在餐厅睡着。丈夫说:"这个可能是我不对,但我平时对孩子挺好的。"

咨询师问:"挺好的,是什么样的好呢?"丈夫说不清楚。他承认,几乎从不和孩子一起玩,极少接送孩子上幼儿园,更不会陪孩子逛公园……

咨询师问:"那么,您认为怎么算是对孩子好、对家庭有责任心呢?"他想了想说:"我是无意的。我觉得孩子都应该是妈妈带的,我没觉得自己做错什么。"

显然,不是他没有做错,而是他不知道自己错了,没有意识到自己的问题。

谈及妻子对婚姻的第二点不满,即性生活不和谐。丈夫说:"她回来那么晚,又累得不行,而且我们都睡了,所以很少。"这显然只是表面原因。

在妻子前面的表述中,性是他们夫妻生活中的重要症结,而丈夫却一直在回避。咨询师必须帮助他敞开心扉,否则后面的咨询难以进行。于是,咨询师便说出了妻子讲的,他的那个关于妻子和前男友做爱的想象。丈夫很快也抛下束缚,承认自己总是纠结在妻子和外国前男友做爱的想象中,这是使他们性生活不和谐的根本原因。丈夫说,这个"毛病"始于刚结婚的时候,这几年越来越厉害了。

一开始只是做爱的时候会忽然想到妻子和前男友做爱的场面，于是就做不下去了，后来慢慢地发展到现在，随时随地眼前都会跳出妻子和前男友做爱的画面，于是心中就充满了对妻子的恨，哪里还能做爱呢？而且，妻子越是主动，他越是没办法做。

咨询师提到，妻子说他在性上不够体贴和温柔。他依旧说："一想到她和别人在一起，我就……"

丈夫说，关于妻子和前男友做爱的想象彻底改变了他。比如，他曾经是做家务的，但自从脑子里总想妻子和前男友做爱的画面，就不做了，心里生气没办法做，觉得不做就是惩罚妻子。

咨询师适时地讲到妻子提出的，那个他在卫生间看到死去的祖母在梳头的事。他承认，这是他编出来的，因为他当时脑子里全是妻子和前男友在做爱的画面，说出这事，看到她害怕，他就开心，觉得这是她应该得到的惩罚。其他许多时候也是一样，他故意气妻子，以惩罚她。

妻子对丈夫的第三点指责是：没有冒险精神。丈夫完全不同意。他说："我最有冒险精神了，不然我在政府机关做得好好的，也不会这样停薪留职出来创业了。"原来，他刚刚办了停薪留职的手续，出来办了一家工厂。丈夫说，他这些年一直在学习计算机程序开发、软件设计、摄影摄像技术，还考了律师执业证书、会计师证书，等等。虽然每项都不是很精，但是，他确实做了很多。听起来这位丈夫非常上进，积极进取，和妻子描述中的他完全不一样。

丈夫还告诉咨询师，因为他高考时不理想，所以直到现在快四十岁了，他还时常做参加高考的梦。这也从一个侧面反映出他是一个追求上进，对人生有梦想的人。

妻子对他不满意的第四点是:"太脆弱,动不动就想死。"咨询师问他:"听你妻子说,有一天你回来就说活着没意思,要自杀,她问你为什么,你又不说话。"他说:"还不是因为整天在想她和前男友做爱的场面,觉得非常烦,想以死解脱。"

咨询师看到,"妻子和前男友做爱"这个强迫想象,对于丈夫的心理冲击十分强烈,而且也看到,他自己其实是非常想挣脱出来的。

谈到和妻子的一些矛盾,丈夫说:"她如果讲软话,我就会心软;她如果和我讲理,我的火气就大了。但她绝大多数时候都是和我讲理。"

像问妻子那样,咨询师也问了丈夫一个人自慰时的性幻想内容。他说,是和大学时期的女友做爱,但是,也都是正常的做爱方式。

这位丈夫最后告诉咨询师:"别的都是不重要的,最重要的是我那个想象,我摆脱不了。这个最想解决了。"

3. 换个角度看彼此

事情到这里,已经比较清楚了。

咨询师对这位丈夫说,那个强迫想象确实非常伤害他的精神状态,是重中之重要解决的,但是,婚姻咨询必须要有整体性的视角,不能管中窥豹。因为许多问题都是交织在一起,彼此影响的。性的问题背后,可能是感情问题,或其他问题。

从丈夫的强迫想象这个"标"上面,我们可以分析出太多"本"的内容来。而社会性别视角,无疑是一个重要的分析维度。这个婚姻危机的案例中,充满了社会性别的影响。

但是,很显然,咨询师不能上来就给这对夫妻讲社会性别,而要帮他们抽丝剥茧，一点点走出情感困扰。

咨询师将妻子和丈夫叫到一起，同时和他们谈话。

首先，对他们的婚姻关系做了一个整体分析。他们夫妻还是有感情基础的，并没有许多夫妻间常见的激烈冲突，也没有家庭暴力。虽然现在婚姻中有一些不足，彼此对对方和婚姻都有一些责难，但没有任何一个婚姻是完美无缺的，同咨询师咨询过的许多夫妻相比，他们的婚姻状况是很好的。婚姻的价值重在经营。如果没有学会经营婚姻，那么即使离婚，换一个人，换一段婚姻，也一样不会有好的未来。而经营婚姻，需要夫妻双方一起努力。这对夫妻都表示，他们愿意努力。

咨询师还是从他们对彼此的不满意说起。

妻子指责丈夫"对家庭没有责任心"，丈夫不认同；丈夫反指责妻子做家务少，不是"贤妻良母"，换言之，没有家庭责任心。咨询师分析：夫妻两人都无法理解对方的指责，因为双方对于家庭责任、角色扮演有着不同的理解。在妻子看来，丈夫不照顾孩子，不体贴她，不做家务，就是没有家庭责任心；但在丈夫看来，这些都应该是女人做的，作为女人就应该是在家里做家务的"贤妻良母"。丈夫觉得自己虽然不照顾孩子，但没有什么过错，因为"孩子都应该是妈妈带的"。

丈夫的想法和做法是社会性别刻板印象的体现。咨询师引导丈夫回想，自己是如何形成这些观念的，这些观念给他的生活带来什么积极影响或消极影响。显然，消极的影响更多。咨询师进而指出：在现代社会，绝大多数人已经认识到父亲也应该积极参与孩子的抚养，连联合国都倡导男性参与，包括参与传统上由女人承担的家务和带孩子的工作中。咨询师对丈夫强调：最重要的是，在这个参与过程中，男人自身会感到非常幸福快乐，会有意想不到的收获。

咨询师和这位丈夫一起规划如何改变：从今天开始，每天都要拿出几个小时和孩子玩。当他静下心来，投入地和孩子玩的时候，他一定会发现新世界。许多男人到了晚年都特别想带孙子、带孙女，那是因为他们到那个时候才意识到和孩子相处的快乐，他们已经错过了和儿子、女儿相处的快乐。为什么要等到错过才想要尝试呢？现在就可以改变。男人一定会有意想不到的富足体验。

丈夫的另一种观点"妻子外面再成功，回家也要做家务，才是贤妻良母"，这也是性别偏见使然，同样需要分析这些错误认知是如何形成的，对婚姻生活的影响。"贤妻良母"这种对女人角色的传统束缚需要改变，而且，一位妻子赚钱，让家庭过得富足，不也是一种"贤妻良母"吗？咨询师提示这位丈夫思考：为什么有了保姆，妻子承担这么多家庭责任下，她仍然需要坚持回家做家务呢？

咨询师转而和妻子分享丈夫的看法：丈夫并不像她说的那样完全没有家庭责任心，他没有像有些男人那样下班就去打牌、喝酒、赌博，他其实是一个上进的，有责任心的人。而且，他也不是没有冒险精神，比如他停薪留职自己创业；对她借钱太多、花钱太随意的担心，是出于对家庭未来的担心。

咨询师询问妻子对丈夫这些表现的看法，并且请她把这些看法面对丈夫以平和的语气说出来，鼓励双方在咨询室进行沟通和互动。

观察伴侣间沟通和互动的过程，也有助于发现他们之间的相处模式，从而更好地为他们提供帮助。

根据丈夫的表现，咨询师分析：在他成长的过程中，他的父亲也很少和他一起玩,很少亲昵,很少参与家庭事务。丈夫立即肯定了这一说法,说:"一直到我读初二,爸爸都还会打我,我是被打大的。"一个被父亲打大的孩子,现在自己不打孩子了,只是很少和他玩,难怪他会觉得自己没有做错什么,也许他内心还会觉得自己是一个好父亲呢!

在咨询过程中,丈夫在带孩子等方面"认识不到自己错了",是被社会性别文化塑造的。

咨询师及时肯定了丈夫的成长。我们的传统文化中缺少鼓励男人带孩子、做家务的内涵,相反有很多要求男人远离这些"琐事"才算"男子汉大丈夫"的教育。丈夫也是这种文化的"受害者",当然,"受害者"应该成为觉悟者,积极主动地改变。

咨询继续深入。针对夫妻双方不同的消费态度,引导他们探索彼此性格的不同。

在这个过程中,来访者夫妻逐步认识到:丈夫是那种很有计划,常对未来有忧虑的人,作为农村长大的孩子,他的成长过程可能比较艰辛,深深懂得节俭的重要性,也深深懂得要富时思贫。这也是他努力学很多技能,放弃公务员的工作,去开工厂的一个原因。而妻子的性格则有些大大咧咧,不去想以后,只想眼前开心就好。

咨询师引导双方讨论向别人借钱这件事。妻子创业、买房、买车时,总是向别人借钱,而且是让丈夫去向他的朋友们借钱。丈夫对此非常不喜欢,妻子却不以为意。

丈夫说:"借钱是一件非常不好的事,别人需要非常信任你才会借钱给你,而且朋友间借钱可能会彻底毁掉朋友间的关系。"

妻子说:"可我是给利息的呀,比银行利息还高呀。"

丈夫立即反驳说:"向朋友借钱,给朋友利息,他不要的话,我们不忍心,他要的话,会觉得两人关系远了,是很不舒服的。"

妻子说:"社会上很多人就是借钱给别人,然后收高利息的呀。"

咨询师及时问妻子:"为什么您要让丈夫去借钱?"

丈夫说:"因为她去借钱,别人都不信任她,不愿意借给她。大家对我太信任了,才会借给我。"

妻子说:"我管不住自己,有钱就要花掉。"

咨询师和他们探讨,是否有协调和改变的可能。

在双方没有找出彼此认可的方案时,咨询师提出一个备选方案供他们参考:如果现在每个月还五千元钱,那能否强迫自己每个月还一万呢?这样就至少能够少花掉五千。丈夫对这个建议显然非常感兴趣,忍不住立即侧身和妻子说:"我们从这个月起就多还一倍吧。"可见,这个内向的、忧郁型的男人,债务是他心里一个阴影,对妻子而言却不是。

咨询师又不失时机地提示妻子:她要借钱的时候,虽然丈夫为难,但还是帮她去借,这是不是对她的爱呢?是不是对她的支持呢?对于债务的担心,对于她冲动购物的担心,不也是家庭责任心的表现吗?我们不能把人一棍子打死,不能彻底否定一个人。

妻子认可了存一些钱的想法,她说:"至少要为儿子的未来多存一些钱,如果他有一天说要出国留学,但我们却因为没有钱而无法让他去,会难过的。"

看来,一个人的行为习惯很难改变,但对孩子的爱可以帮助人改变。

丈夫对妻子的另一个指责是:妻子不注重自我形象;而妻子对

丈夫的指责是，丈夫对领导点头哈腰。

咨询师和他们讨论为什么会这样。双方在讨论中认识到：这是由于他们生活在不同的小文化中，观念和行为方式的差异造成的。丈夫是公务员，公务员对上司服从领导、毕恭毕敬，是官场文化，再正常不过了，难道她想让他在单位里受排挤，失去工作吗？妻子自主创业，自己做自己的老板，当然可以在行为方式，包括着装上自己做主。这种差异在夫妻间是普遍存在的，但是，要彼此了解和理解对方才会不破坏和谐。比如，去丈夫单位的时候，妻子可以"表演"一下，在需要着装正式一些的场合穿正式的服装，既是对别人的尊重，同样也是对自己的尊重。

妻子觉得"丈夫太脆弱，动不动就想死"，正如丈夫所解释的，每天受那个强迫想象的折磨，他已经"生不如死"了。

到此，在梳理了咨询师认为"最容易解决"的一些问题之后，我们又回到了那个最难的，也是看起来最严重的症结——强迫想象。

4. 揭开社会性别的谜底

咨询师首先用合理情绪疗法引导丈夫认识到自己想象的问题，当然这不能彻底解决问题，但作为辅助手段还是需要的。

咨询师同丈夫一起分析：他怀疑妻子和前男友还有联系吗？他说，肯定没有。

那么，是因为他认为妻子内心可能还爱着前男友吗？他说，也没有。

那么，是因为妻子在认识他之前，不再是处女了吗？他说，也不是。

那么，还有什么不能放开的呢？他说，就是放不开嘛。

咨询师请他设想：如果妻子整天幻想您和前妻一起做爱的场面，纠结其中出不来，您会怎么想？他说："会觉得很荒唐。我也觉得自己现在这样很荒唐，但没办法。"

丈夫非常清楚自己的强迫想象是荒唐的，但是，他仍然摆脱不了它！

是什么在背后一直将这个强迫想象和他捆绑在一起？又是什么，使过去六年间，这个强迫想象越来越强？

在咨询师和来访者夫妻分别探讨的过程中，真相一点点呈现出来：不是别的，恰恰是社会性别！

当我们用社会性别分析作为一条线思考的时候，这对夫妻彼此间的埋怨，彼此的不理解和误解，包括丈夫的这个强迫思维，都被连成一串了。

从表面看，丈夫的强迫来自和同事们的一次谈话，在那次谈话中，同事说外国男人床上功夫非常强。妻子说，这使丈夫在性上自卑了。妻子一再告诉丈夫：事实不是那样的，但丈夫仍然走不出来。

丈夫确实自卑了，但并非因为性！性自卑仍然只是一个表象！

事实上，在和丈夫谈话的时候，咨询师曾和他一起讨论过他的性经历，包括幼年的性经历，找不到一点可以使一个男人陷入如此深的强迫想象中的性自卑。性自卑或多或少可能会有，但是，不会因为一个遥远的、在现实生活中完全不存在的人物而自卑成这个样子。

带给丈夫自卑的，让他走不出那份强迫想象的，恰是妻子的成功！

是妻子事业上的成功，是她能赚钱，她比他强。更重要的是：妻子多多少少看不起丈夫！她在家庭中不够"尊重"他，他找不到在家庭中的权威感，他感受到的都是危机感！

这份家庭中的权威感，他的父亲曾经通过对儿子施暴的方式获得，而他无从获得之时，就把自己逼进一个强迫的想象当中了。这才是症结所在！

在咨询师抽丝剥茧的过程中，丈夫总是立即认同咨询师的分析。

我们面对的是一个普通的男人，这个男人深受传统的社会性别角色的束缚，这个束缚与他的原生家庭有关，更与他成长的整个文化有关。在他的头脑中，一定是认为男人应该比女人强的（他向咨询师证实了这一点），而且作为公务员，作为每年的优秀员工，他也确实认为自己很出色。在婚前，妻子就是一个企业的普通员工，他比妻子在社会地位和经济地位上都强许多。但是，结婚那年，妻子开了餐厅，做了老板，正是这时，他听到了那个"外国人床上都很强"的谈话；此后六年，妻子的生意越做越强，也是他的强迫思维越来越强的六年。

对于妻子的成功，他内心一定有丰常复杂的感情。一方面作为一个农民的孩子，作为一个收入并不高的小县城的公务员，他当然很高兴看到家里富起来；但另一方面，这富有是妻子而不是他带来的。当妻子月收入是他的几倍甚至十几倍的时候，当妻子说"钱是我赚的，我愿意怎么花就怎么花"的时候，当妻子在家中越来越多地指责他的时候，他的压力、焦虑、恐惧就都出现了。

需要说明的是，妻子在这个过程中扮演着强化他的自卑，强化他的危机感的角色。六年间，她对他的指责越来越多，她越来越看他不顺眼，越来越觉得这个婚姻有不足……这些，都进一步强化着这个男人的焦虑与恐惧。正如丈夫所说，"她总打击我"。

在丈夫受到"打击"的时候，他也回报以"打击"，在这个过程中试图找回男性的尊严。而妻子同样再回以"打击"。这样的恶性循环之下，夫妻还能够坐下来一起接受咨询，真的已经很不错了。

咨询师帮助来访者夫妻逐步认识到：

当丈夫坚持"在外面做得再好，也要回家做贤妻良母"的时候，其实是对妻子另一种形象的坚持，当他找到妻子这一传统意义上的"不足"时，也是自信能够略加恢复的时候。同时，他还开始用近乎病态的方式折磨她，比如编造死去的祖母出现在卫生间的谎言吓她，生活上对她不闻不问，用他自己的话说："看到她难受，我就觉得解气，觉得是她和那个外国男人做爱应受的惩罚。"哪里是因为她曾有一个外国男人，分明是因为她现在太强了，不尊重他，用他自己的话说是总"压着"他，才被施加了这样的"惩罚"。

其实，受到最大"惩罚"的，还是他自己。他被那个强迫想象折磨着，他的生活变得很压抑，他甚至一次次想到以自杀逃避。

这位丈夫还告诉咨询师，他对妻子的冷漠，有时是因为在乎。一个男人不知道如何表达感情，竟然会选择通过冷漠和伤害的方式来表达。男人都成了"闷罐子"，男人不善于倾诉和交流。这背后不仍然是社会性别角色的塑造吗？

到底谁是惩罚者，谁是被惩罚者？我们都被这个社会古怪的、恶浊的、杀人的性别文化惩罚了。

值得欣慰的是，这位丈夫也在通过非常多的努力来试图重建自信，虽然这可能被压在他的潜意识中。他不断地学习各种技能，不就是在和妻子比拼吗？他停薪留职开始创业，不同样是在试图找到自己在家庭中的位置吗？

这就是被掩盖起来的，导致困扰的真相：社会性别文化。

当然，这些是要彻底揭示给这对夫妻的。咨询师这样做了。

咨询师和他们分析：我们被这样的性别文化塑造着，它错了，它是害人的，我们是被害者。但是，我们有责任反思，有责任自我成长，既不能归责于文化而放弃个人责任，又不能做文化的奴隶，认为既然文化如此，个人无能为力。

做妻子的，不要责怪丈夫不够"成功""没有冒险精神""因循守旧"；做丈夫的，不要被妻子的"成功"吓到，也不要为自己不如妻子而自卑。传统的男女"般配"标准面临一次全面的革新。

做到这种意识的改变，是解决他们夫妻问题，包括解决丈夫的强迫想象的关键点。

做社会性别意识的觉悟者，我们就可以创造不一样的人生！

无数的人做到了，他们当然也可以。这将是一次性别意识提升的过程。

在做了这么多社会性别分析之后，咨询师又推荐给这对夫妻几本关于社会性别的读物，希望他们通过阅读，能够慢慢觉悟，巩固咨询中的效果。

5. 社会性别分析技术的运用

社会性别意识觉悟，这是女性主义心理咨询法强调的一个重要技术。这对来访者夫妻有了社会性别意识觉悟，问题的根就找到了。

女性主义心理咨询虽然一开始目标落在女性，但是，其中的许多理念与方法对于解决男性问题也是一样。在这个案例中，夫妻双方都需要解决社会性别觉悟的问题。

女性主义心理咨询对咨询师的要求包括：1. 熟悉男性和女性的生理、心理、社会问题；2. 考察自己对性别偏见的态度；3. 了解可能影响来访者的各种压力。这些，咨询师都做到了。

女性主义心理咨询认为，女性的心理问题是社会问题；那么，同理，男性的心理问题最终也一定是社会原因造成的。

重新定义"症状"

女性主义心理咨询主张，重新制定对痛苦和精神疾病的定义，所谓症状可能只是应对社会压力的创造性策略。我们以此来理解这个案例中丈夫的问题同样适用。这位丈夫的强迫想象，不正是面对传统社会性别角色带来的压力所采取的"创造性策略"吗？

表达愤怒

女性主义心理咨询主张，咨询的目标应该是让来访者直接表达愤怒与痛苦。在咨询师和夫妻共同分析的过程中，丈夫的苦恼确实得到了初步的宣泄，说出了"她不尊重我"，说出了"我没有尊严"。咨询师也帮他分析了，这种对"尊严"的执着是性别文化的一个圈套。

女性主义心理咨询的治疗目标：社会层面，建立一个性别平等的社会；个人层面，赋权。这些，我们都努力在做。咨询师告诉这对夫妻，无论男女都可以选择你喜欢的、适合你的生活方式，而不要做"男比女强"模式的奴隶，这就是一种赋权。

社会性别角色分析

在咨询中，咨询师还应该帮助来访者认识到自己性别角色社会化的过程，比如文化是如何塑造他们认为"男人要比女人强"的；找出内化的信息，即男女传统意义上的般配标准，或"贤妻良母"模式、理想"男子汉"模式等，用更加自我提升的信念代替这些信息……

性别刻板印象影响到性，影响到伴侣关系，随着双方社会性别意识提升，这些是可以改变的。

6. 直面性幻想

有了社会性别意识觉悟作背景，咨询师还需要针对强迫想象做些诊疗工作。咨询师和这对夫妻说，找出性别文化建构的"自卑"是第一步，是基础。下面要做一些具体工作。这时，性咨询中的一些技法被引用了进来。

从性咨询的眼光看，只要是彼此自愿的，不伤害他人的，床上没有任何事是不能做的。在咨询过程中，咨询师早就分别问了这对夫妻的性幻想内容。要解决夫妻性生活的不和谐，性幻想是一个重要手段。伴侣间既可以各自幻想各自的，也可以一起交流性幻想，排演性的情景剧，这些全依赖于伴侣关系的亲密度与接受度。

这对夫妻中的丈夫，自慰时性幻想的内容是和大学时期的女友做爱，妻子幻想的内容是和一个自己喜欢的男人做爱，那么，二人做爱时，不妨彼此各自幻想各自的。自慰时的性幻想通常最能够激起当事人的性欲，当丈夫幻想和大学女友做爱的时候，就不会给那个妻子和外国前男友做爱的强迫想象留空间。这就完成了一个幻想对另一个幻想的替代。而这个替代幻想，是积极的，能带给他愉悦的。妻子也通过自己的性幻想激发性激情，丈夫在性生活上的不够体贴也能够在一定程度上被忽略。而当丈夫从强迫想象中走出之后，对她的性体贴也有望恢复。如果两人感情交流能更进一步，不妨就排演情景剧，妻子扮成丈夫的大学女友，丈夫扮成妻子喜欢的那个男人，一起交流，一起游戏，一起做爱，哪里还会有强迫想象的空间呢？

咨询师也强调了，丈夫可以用合理情绪疗法进行自我梳理。他其实在所有方面都头脑清楚，只是被这个强迫思维害苦了。

在适当的时候，当这对夫妻的互信、情感都更进一步，咨询师可以建议他们：既然丈夫总问妻子和外国前男友怎么做爱，那妻子就说个透呗。仔细回忆一下，说个透，让他听个透。他们就会发现：不过如此，没什么了不起的。这也是一种"满灌疗法"。当然，这有一个危险，就是丈夫听后更强迫想象了，但是，因为有了前面对强迫想象这个问题真正根源的认识，有了夫妻情感上的互信，更可能会转化为一个新的性刺激点，一个让丈夫高度兴奋的事情。这样的事例在生活中也是非常常见的。

需要说明的是，这对夫妻是从外地坐了25个小时的火车到北京找到咨询师的，第一天见面便连续做了4个小时的咨询。不得已，原本应该分散、逐步进行的许多工作，第一天就集中讨论了。

按女性主义心理咨询的要求，我们还有许多工作可以做，包括帮助来访者彻底改变价值观。但是，这可能不是这次咨询中可以解决的了。咨询师和他们约定：回家后可以随时写信给咨询师，有了什么进展，遇到什么困难，都可以通过网络咨询。

案例 2

害怕被看到裸体

来访者：女性，30 岁

自述

我正被一件难以启齿的事情困扰，这个困扰持续了十五六年。

我自小生活在南方某个城市。十五六年前，我正值青春期，有一次，和几个男女同学在操场上打排球，我奋力去救球的时候，由于用力过大，听到自己衣服的线被绷开的声音，当时并没有在意。等打完排球回到宿舍时，才发现自己运动裤的裆部及内裤都被刚才的动作给撕开了。当时，我就开始担心自己的外阴会被同学，尤其是男同学看到。这件事情一直影响我十多年，我会时常想起，羞耻感一直困扰着我。

两年后的一个夏天，我早晨起床后在卧室穿衣服，意外地发现自己卧室的窗帘居然一夜没有拉上，于是，我开始担心换睡衣时会不会被对面楼里的邻居看到。我跑到对面楼的楼顶上看自己家，想确认能不能看到自家室内的情况，答案是否定的。我又想，这是阴天，如果是晴天能不能看到呢？我总是不放心："如果有人看到自己的裸体，怎么办？多羞耻啊！"与此同时，初中那件往事的记忆也被唤醒。

在这一整天和此后的一段时间里，我几乎天天都要到对面楼顶去观察是否能看清楚自家室内的情况，反复得到否定的答案，却反复不放心，我因此心烦意乱，焦躁不安。我知道这样是不好的，但是，无法帮助自己，不得不求助心理医生。

经过当地心理医生的多次治疗，钱花了不少，但效果不好。后来我在互联网上求助了一位青岛的心理医生，我们线上聊天咨询，那位医生给我的帮助非常大，终于我一度走出了多年的困扰。

但是，以后每隔两三年，总会出一件类似的事，让我旧病复发，再度陷入那种心理困境中。

最近的一次，是一个夏天，已为人母的我在房间里和4岁的孩子玩。孩子无意中掀了一下我的裙子，我一惊，猛地抬头，看到窗户开着，只有一层纱窗，而窗外几米便是邻居家的窗户。我再度陷入了那种焦虑中：邻居是否正巧看到了我的身体呢？

于是，我回到了多年前的行为模式中，反复找借口到邻居家去，走到邻居家的窗前，向自己家里看，结果什么都看不到。反复去，反复看，反复印证否定答案，依旧是反复不可遏制地去确认，使得邻居开始对我反感。

我正常的生活受到了严重影响，我吃不下饭，睡不着觉。几个月后，我到北京参加短期培训，但我依旧上课无法认真听讲，经常走神，总在想初中的那些同学、六年前对面楼的住户，以及今年夏天窗外的邻居，是不是看到了我的身体……

就在这时，我在互联网上查找相关咨询师的信息，于是通过互联网了解到您关于性、性别、裸体等方面的观念。在某种程度上，我感觉到您的观点契合自己的经历，于是，我联系您，寻求帮助。

> **分析** 裸体，是人类最初的本真。自从人类穿上了衣服，披上了"身份"的外衣，便开始了"社会人"的角色扮演。但这个"社会人"，也是有性别的。从这位来访者的经历中，能够清楚地看到针对女性的社会性别压迫。

咨询过程

1. 接纳与平等的咨访关系

咨询时，咨询师耐心倾听了来访者的内心苦闷，全面了解了她的困扰，对于来访者的心理问题，咨询师没有急着给予诊断，而是和她探讨关于"被窥视"身体这件事的看法，乃至对裸体和性的价值观念。

这是一个开放的心理咨询师首先要做的：排空。咨询师首先排空文化对裸体的观念，他没有让强大的文化力量束缚自己的观念，而是真正以来访者为核心，倾听到了来访者内心因文化导致的观念的束缚而引起的心理困惑，因此，咨询师的"共情"是真诚的，是能够让来访者认同的。在这个基础上，来访者才能真正和咨询师建立充分信任的关系。

来访者后来说："我认为心理咨询师首先要打开来访者的心门，后面的咨询才会更加顺利。和这位咨询师说话的时候，让人很放松，很容易接受他。我认为这是心理咨询师的第一要素，如果都不能让来访者放松，产生信任，那么这个咨询师一定第一步就失败了。另外他很能理解人，肯替别人着想。这一点也让我很快对他有了认同感。"

2. 使用性别角色分析技术

咨询师带领来访者探索这种羞耻感如何形成的，她从小被建构了哪些关于女性的性别信息。

来访者说，她从小受的教育是，女孩子的身体是不能让别人看到的，否则将是奇耻大辱。三四岁时，她蹲在村子路边小便，外婆便吼她："女孩子，那地方都被别人看到了，太丢人了。"那之后，她就一直小心地藏起自己的身体。

在探讨中，咨询师带领来访者意识到这些信息是如何被她内化的，如何带给她羞耻感的。这样，来访者意识到了自己的问题是基于对身体和性的羞耻感。咨询师用认知领悟的心理疗法帮助来访者认识到，是自己的观念给自己带来的困扰。

3. 通过权利分析技术，进行社会性别意识提升

进一步，咨询师问：当时在农村，男孩子在路边小便，是否会有人说"太丢人了"。来访者想也没想便否定了。

咨询师进一步带领来访者思考：是什么造成了男女的不同？此时，来访者能够意识到，社会文化对男性和女性的要求是不一样的，对女性是苛刻的，这是一种不平等。

是什么样的文化力量让来访者迷失对自己的思考和探索？是什么样的社会机制让来访者丧失了争取自己内心权利的能力？来访者

的无力感背后，是一种权利的丧失。

咨询师从而帮助来访者认识到，她多年的心理困扰，是社会性别文化针对女性的不公正态度带来的。针对女性的社会性别歧视，影响着女性行使自己的权利。这便是女性主义心理咨询中的社会性别意识提升。

咨询师带领来访者意识到，给她带来今天这样的心理困惑的关键，是父权制的社会文化观念。这种观念剥夺了她作为一个独立的人，对自己需要的探索，也桎梏了她作为一个女性对自我价值的认同。在很大程度上，女性对自身的焦虑来源于长期以来自我认同的缺失：我是谁？我的价值在哪里？无论是身体、性，还是心灵，女性的归属在哪里？

这是每个来访者需要做的人生功课，也是每一位咨询师需要探索的课题。

4. 使用重新建构和标识技术，进行社会性别意识的再造

来访者的"强迫性"思维，一直被视为"症状"。咨询师可以带领来访者思考：这其实是她的一种抵抗，即所谓"症状即抵抗"。在来访者的潜意识中，她的身体是美的，是可以向人呈现的。

咨询师与来访者进一步分享女性主义的价值观，其目的是进行个体价值观和社会性别意识的再造。

在传统的父权文化下，女性的身体和性始终是被否定的，还被剥夺了其独立的价值，而成为男性的消费对象。女性身体的美，成为性的符号，而性又成为男性可以掌控和占有的私物。这是一个女性被"物化"和"异化"的过程，在这个过程中，女性被剥夺了对

自己身体的认识权和控制权。一个丧失对自己身体的控制力的人，或多或少都会产生焦虑的。从这个层面上说，每个被父权文化压迫的女人，从内心深处，对自己的身体有着不安的焦虑：我的身体属于谁？我的身体被谁控制？我的身体该听谁的？

来访者先前遭遇的咨询师，都缺乏对性、对身体的开放理解。这些咨询师自身可能也背负着这层对人的身体权归属的不安和焦虑。

来访者的焦虑来自其幼年的社会性别建构，也来自青春期的那次经历，没有被处理好的认识和情绪，一直积压在来访者内心深处，一次次有意无意的遭遇强化着这种焦虑和失控感。而这一次，咨询师明确告诉她：每个人的身体都是美的，都是自己有权利决定如何呈现的，即使被看到，也没有什么。

来访者后来这样评价这位咨询师："他对裸体、对性有着不同于一般人的更先进、更健康的观念，他的观念对我的影响是巨大的。"

5. 增能赋权

在对父权文化充分认识的基础上，咨询师和来访者探讨：即使来访者的裸体被看到了，最坏的结果是什么？来访者已经认识到：没有什么"最坏的结果"。

咨询师此时帮助来访者挖掘她的内在力量，目的是为来访者今后的生活注入新的心理动力，也会为来访者今后的自我带来新的理念和活力。

她需要的是咨询师帮助她探索并且赋予自己掌握自我身体权利的力量。

咨询师带领来访者认识到：正如前面分析的，她的心理问题是受文化压迫造成的，是性别政治的，不是她个人的。其实，她是一位具有强大的心理能量的女性——来到陌生的城市，勇于面对自己的心理困惑，在困难中反复寻找适合自己的心理咨询师，对不满意的咨询师，能够果断拒绝，不产生依赖，对自己的内心有着丰富的体验和创意……事实上，来访者知道自己要什么。

咨询师同样可以从来访者的职业、家庭生活等角度，挖掘力量。

6. 阅读疗法

咨询师推荐《裸体主义者》给来访者，书里面写到了许多女性参与裸体主义沙龙，在大自然中裸体的感受与经历。来访者从中可以看到与自己完全不同的女性，这有助于她打开自己的禁锢。

果然，阅读效果很好。

来访者从书本上全面了解裸体主义的主张和实践，她给咨询师写信表达了接触到裸体主义深层思考之后的兴奋：

"看了《裸体主义者》这本书，受益匪浅，锋芒直逼那最真实的本质，直逼我以前连自己都不敢正视的客观的真实。就像是精神分析一样，我一边读，一边剖析着我自己，我以前的困惑、焦虑，我给自己筑的一道道压抑的精神的城墙，在慢慢地倾斜、瓦解……"

7. 行动疗法

咨询中，来访者主动和咨询师谈到了裸体主义实践，问是否可以介绍她参加裸体主义小组的实践活动。原来，她从在网上看到裸体浴场的新闻后，便认为，如果能够到裸体海滩那样的场所去，就可以帮助解决自己的问题。

咨询师在评估了来访者的心理情况之后，决定介绍来访者参加裸体主义小组。

不久，在北京天体主义小组的帮助下，一场为来访者准备的裸体主义实践活动得以在北京一个带室外温泉池的套房举行。

那次活动，有四男三女参加，其中便有来访者。当天下午、晚上，第二天上午，小组三次在室外温泉中享受裸体的自如自在，而在他们身边，就是未化的积雪。

活动结束后，来访者把她那天的感受发给了咨询师：

"我在房间，褪掉衣服，没什么特别的感受。

我赤裸着身体，向大家走去。

由于对裸露的渴望，加上此前千百次地想象，所以，当我真正在众人面前裸露的时候，没有什么特别的感受，就觉得是很自然的一件事情，甚至也没有觉得不好意思。

我赤裸着身子在门前踌躇了小一阵子，那是因为温泉在室外，像公共场所，我担心外面有人走动。也就是说，那时还是稍稍有一点点不自然，但很快地往水里钻了。

在水里，大家赤裸相向，没什么特别的感受，觉得赤裸是很自然的一件事，跟穿衣服没什么两样。

有人起来的时候，我会注意看他的性器官，看看它长什么样，跟别人有什么不同，心中没有波澜。大家都脱光了，真的没什么特别的感觉。看到和被看，好像都没什么。

刚开始我还不愿意说我参加裸体活动的原因，后来可能是真的聊开了，放松了，就把自己十多年间纠结的事情都说了。当我对大家说出内心世界的时候，我已经没有任何心理障碍了。

回来之后，我压根儿就再没被那些事困扰了。脑子里没有它了，它完全消失了。有时我会突然想到：为什么它就这样彻底地没有了呢？"

至此，我们看到了认知领悟疗法和行为疗法相结合的魅力。在认知层面上，基于咨询师的开放心态，加上来访者对咨询师的充分信任，很容易对来访者的固有观念产生影响。在这个基础上，一次裸体主义实践活动，巩固了新的性和性别观念的地位，从心理上，对来访者产生了巨大的冲击，这样的实践体验，从行为疗法的角度上，属于"满灌"。它会对来访者过往的行为模式和心理反应产生爆破式的影响——旧的观念摇摇欲坠，经由行为带来的心理反应，瞬间瓦解；新的观念将信将疑，经由行为产生的心理体验正式建构起来。这次体验起码让来访者有一种确信：被陌生人看到身体，可以没有伤害，可以非常自然。至少，这种可能性清晰而真实地存在。

8. 后续故事

来访者会不会"旧病复发"呢？毕竟，她此前多次有好转，又多次"旧病复发"。半年后，来访者又写给咨询师一封信。看来，她真的走出困扰了。

"昨晚偶遇突发事件，我的感受却跟以前迥异，特写给您，可用作您研究的补充。

外出培训，我与女同事一间房。晚上我正在宿舍洗澡，突然听到钥匙开门的声音，然后是一声惊叫。原来是舍友回来了，听到她的惊叫声我知道她带男同学来了，而洗澡间的玻璃门是透明的，从外面可以看到里面。我们这里是女生宿舍，平时没男生来。

这时听到舍友对她朋友说，你在外面等，不要进来，姐姐在洗澡，等姐姐洗完澡你再进来。

我心情很平静，不知道那个男生刚才有没有探进头来，有没有看到我。听到舍友慌乱的叫声，我心里偷偷地乐了，觉得很好玩。那个男生一直在外面等，听候调令，我也觉得很好玩。

我想如果换作以前，这一定是又一轮心理障碍的开始，我会一直想确认他有没有看到，即使舍友告诉我没有看到，我也不会相信。

以前像这种突发事件平均一两年会发生一次，然后我会处于严重的焦虑状态，不能自拔！

经过这一次，我知道，以后，我再也不会有这样的障碍了。

……今天早上我外出办事，当坐在出租车上的时候，当早晨的太阳发出万丈光芒，并温暖地笼罩在我身上的时候，那感觉太美妙了，好像美好的生活才刚刚开始，我终于放下了包袱，闭上眼睛，尽情地沐浴在晨曦的光辉中，感受着生活的美好，这种感觉，久违了呵！

正像您说的，羞耻感是被我们文化的温床培养出来的，而不是天生的。

为什么社会进步到今天，我们的观念，仍认为裸体是羞耻的呢？哪怕我明明知道裸体不是一件羞耻的事，并找来很多例子说服自己，却还是一直在痛苦中挣扎，被其奴役。"

通观整个案例，体现了一个个体与社会性别文化的抗争。在这场抗争中，我们看到社会性别敏感的咨询是如何帮助到一个来访者的。来自来访者身上的焦虑、强迫思维……这些曾经的心理困惑都成为最终战胜传统文化意识控制的能量。

咨询的过程，是一位女性摆脱文化压迫，全面成长的过程！

后　记

此书写作过程中，部分案例来自性与亲密关系咨询师团队，其中一个案例的"咨询要点"借鉴了咨询师张笑颜的咨询思路。

本书完稿后，已经发给"猫头鹰性与亲密关系咨询师团队"（咨询微信：owlzixun）的部分咨询师，请他们做我的"第一读者"。他们均不同程度地提出了修订意见，使得此书更为完善。

审读不同章节的咨询师分别是：第一章：张慧、杨洋、王奉山；第二章：张琴琴、彭英、柯蕾；第三章、第四章：孙娅婷、王誉橦；第五章、第六章：沈晓静、马文燕。